Ko Alav E Allaheso O Rahmedžija E Rahmedžijungo.

Mo Džuvdipe Palo Mo Meripe

Ano Barzakh

-Seyahat-i Gharb-

Alav taro lil (knjiga) : *Mo Džuvdipe Palo Mo Meripe ano Barzakh*

Originalo alav : *'Seyahat-i Gharb'*

Autori : Seyyid Muhammad Hasan Nađafi Qotšani

Irime ki nemački (germansko) čhib: *'Die Reise in die unendličkeit'* - Verein für Kultur und Jugendförderung e.V.

Irime ki romani čhib hem o editori: Begani Safet (ko berš 2017)

Ispravisarda hem pomošarda ko prevod: Dibrani Ramadan

Štampanime ko berš 2021

Kontakt : ehlulbejteselila.info@gmail.com

Dépôt Légal en Février 2021

ISBN : 979-10-359-1656-5

Bismillah-ar-Rahman-ar-Rahim

Salawaatu 'Llaahi ta`ala wa malaa'ikatihi wa
anbiyaaihi wa rusulihi wa djami`ee khalqihi
`alaa Muhammadin wa `alaa aali Muhammad
`alayhi wa `alayhimu 's-salaam wa rahmatullaahi
ta`ala wa barakaatuh.

Redo e Temengo

Anglune lafora   05

Predgovor taro o Autori taro akava lil   13

O drom nesisajlo palo meripe   16

O pušipbe taro Munkar hem Nakir ano kaburi   20

I kontrola tare me buča (akcije)   33

O mučibe (kazma) ano kaburi   35

O ziyareti ki familija   38

E Imamonego (Ehlul Bejt) hem e Alimonengo ziyareti   42

O symboli e đungalimaso   47

O sikno rahatluko   54

O resultat tare mungre buča (akcije)   57

O lesno hem e barrengo drom   63

Palem o ziyareti ki familija   65

I dolina taro o čefi   69

I dolina tare e đungale hem e lače buča   74

I dolina taro rahatluko   78

I daravni dolina   86

I dolina taro selameti   92

O qisas hem o kamlipe ko Imam Al Mahdi   100

Palune lafora hem i dovava Al- farađ hem Al-Nudba   110

Anglune lafora

Sose avilam ki akaja dunyaja (sveto phuv) ?

Čitosara ano Kurano (azimušan) :

"Me stvorisardem e Đinonen hem e Insajen te čeren manđe ibadeti."

(Kurano Sura 51, ajeti 56)

Ko lil *tafsir taro Imam Hassan al Askari (s.a.)* škurilpe kaj o ibadeti te čere e Allahese značilpe kaj te pinđare e Allahe (o marifeti ko Allah).

Hem ano lil *Futohat Makya taro ibn Arabi* si jek Hadisi Qudsi taro Pejgamberi Muhammad (s.a.a.) kaj o Allah (đelle šanahu) vačarda:

" Me sema jek garavdino Tresori hem me manglem te avav pinđardo; epa me čerdem o Alemi (i dunya) kaj te avav pinđardo "

Ano lil al *tawheed turo Šeikh as Saduq* si jek riwajeti so mothol o Al Mufadal bin omer al Jufai taro Imam Đafar Sadiq (a.s.) kaj vačarda:

" Allahesi (sila) naj računimase, leso stvorenje kur naštisarol te čerol lestar jek slika ili te resol ki lesi suština thaj bariripe. Naj khančik bizo lesi vola. O Allah sasa (postoijla) več kana navle planetora, havaje, rača, đivese, zvesde, čhunud, kham bršond thaj balval. O Allah čerda jek stvorenje so slavitisarol leso moč hem leso lačipe hem leso baripe"

A o Imam Ali (s.a.) ko lil taro *Šeikh Mufid strana 157* ko nemačko lil čitosara isto kaj vov phenda :
" O angluno ibadeti ko Allah si te pinđarele (marifeti) hem o koreno taro marifeti si leso tawhidi (jekhipe, naj javer dol osim o Allah - La Ilaha Illa Allah)..."

O Šheikh Saduq škurisarda ano piro *kitabu'ul-ltiqadat* : Amaro pačajpe taro o Nafs (špirto) kaj si o Ruh'i (duh) o sebepi taro džuvdipe ; thaj kova Ruh (duh) si o angluno stvorenje.

Gija sar vačarda o Hazret Pejgamberi (s.a.a.) :

" I angluni buči so o Allah čerda kana navlo khančik sasa o blagoslavime hem e čisto Ruhora; atherna čuta len o Allah te svedočin (te deklarin) leso Tawhidi (jekhipe); palo gova vov čerda javer stvorenje kotar."

O Šeikh Saduq nastavil : "Amaro pačajpe si kaj e Pejgamberen thaj isto e čisto Imamonen kaj silen panđ Arwah (Ruhora): O Ruh (duh) Qudus (sveto), O Ruh Iman (pačajpe), O Ruh Quwwa (snaga), O Ruh Šawwa (želja) hem O Ruh Mudraj (Trupi)…

Komentar :

O Ruh Mudraj (trupeso) si kova Ruhi so inđarol sarsave džuvde (sar Insano hem sar hajvano kaj te avole i snaga) te phirol hem kaj te čerol akcija (buči). Akava Ruhi Mudraj dičol o računi e trupeso, kana ka smanjilpe, leso trupi ka slabolpe (znači naj te avole snaga višem) đika ka avol ko meripe.

E besimtaren (vernikonen) silen štar Arwah : Ruh Iman, Ruh Quwwah, Ruh Šahwa hem Ruh Mudraj;
A e pabesimtara (nevernikora) thaj e hajvanora silen samo trin Arwah: Ruh Quwwah, Ruh Šahwa hem Ruh Mudraj. (Ano lil As-saduq, kitabu'ul-Itiqadat).

Ano lil *Al Qiyamah* taro Sayyid Sa'eed Akhtar Rizvi kaj vov škurisarda:

"Tare akala aspektora, ka dikha so vačarda amaro angluno Imamo o Ali ibn Abi Talib (a.s.) :
" Okova ko pinđarda pe nefse (špirto), (vov) pinđarda pire Gospodare" (Safinatul Bihar vol. 2, str. 603).
Ako amen čhera amenđe hali katar akala sikne lafora, amen ka svatisara kaj, naj moguče te pinđare e nefse. A isto trubul te svatisara kaj naj moguče te pinđara e devle. Ako naj sam amenđe sposobno te pinđara o stvorenje, a sar ka pinđara e stvoritelje ?

Vi kaj ni pinđara i natura e Ruheso, amenđe si moramnje te priznajisara kaj
kote si (postoijl) jek Ruheso izvor.
Amen đana kaj o Ruhi si o vladari e trupeso. A đana isto kaj o Allah si o
vladari e kosmoso. E naučnike priznajin kaj von ni đanen so si životo ama
đanen kaj postoijl jek životo. Isto, amari inteligencija hem o instinkt, li duj
inđarol amen kaj te priznajisara kaj kote si jek stvoritelji, vi kaj ni đana le.
(*lil Al Qiyamah taro Sayyid Sa'eed Akhtar Rizvi*).

Znači, ako amen pinđara hem đana katar amen ava, amen ka svatisara kaj
ko kraj taro amaro životo, moram te iri amen palem ko amaro Gospodari.
A Kova drom si; *O drom e Merimaso*.

O Allah ta ala vačarol:

,,Sarsavo špirto ka ljol ukus o meripe.,,

(*Kurano Sura 3 ajeti 185*)

Ko Momenti e Merimaso :

O Pejgamberi Muhammad (s.a.w.a.) vačarda:

,,Ke savo stajne ka merol o Insano, ka gija ka uštol vov anglo o Allah.,,

Hem ko javer hadisi objasnisarda o Resulli Allaheso (s.a.w.a.):

"Kana ka pašol o vakti e besimtareso (mumineso) kaj te načol i dunyaja savo kaj
pačaija ano Allah, lese ka pojavilpe jek Meleko ko alav Al Rahman hem ka ljol leso
špirto ano jek but lačo sifati (lik), e melekosi iftira ka čudol nouri, ka čerdol jek terno
manuš, lače huravdo hem ko lačo miris thaj ka bešol lese ke leso šoro thaj ka vačarol:
"O tu lačo špirto, o špirto fulan, av ko Allaheso oprost hem haratime."
hem o Insano ka dičol po špirto sar ka iklol, leso špirto ka iklol sar jek kapka paj
(pani). Ako sasa kova Insano jek kafiri (pabesimtari) lese ka pojavilpe jek meleko ko
alav Al Adhab hem ka ljol leso špirto ano jek but đungalo sifati (iftira), o meleko ka
avol ane kale šeja, lese pungre si ani phuv hem leso šoro lungo đi ki havaja (semaja)
hem lese bal si tari jag. O meleko adhab ka bešol ke leso šoro thaj ka vačarol:
"O tu đungalo (lošno) špirto, O tu špirto fulan, ikli ani holi e Allahesi".
Leso špirto ka iklol but phare sar jek čingo (pharo) šej so iklol andaro paj.

Pejgamberi Muhammad (a.s.w.s.) vačarda:

"E đenaza ka pratinle trin buča hem duj buča ka mučenle (ka ačol pi phuv). (Kola
trin buča si) leso barvalipe, lesi familija hem lese sevapora (lačipe) a e duj buča so ka
irinpe palem, kola si leso barvalipe hem lesi familija, a samo lese sevapora (o lačipe)
ka bešen lesa."

Hem o Ali ibn abi talib (s.a.) vačarda:

" Ko paluno đive e Insanoso thaj ko angluno đive ahireteso (okotar o svjeto), ka đal
o (mulo) o Insano ko piro barvalipe, ki pi familija hem ke pire sevapora (lačipe). A o
Insnao ka đal ko piro barvalipe thaj ka vačarol: "Pašo o Allah me sema jek pohlepno
hem čičijaši prema tumende, so ka den man tumen akana ?"

Leso barvalipe ka vačarol lese: "Le amendar o čefini (kafan)." Napal ka đal o Insano
ki pi familija thaj ka vačarol: "Pašo o Allah, me but mangava tumen hem kamlen

*tumen hem arakhlem tumen. So šaj te den man tumen ađive?" lesi familija ka
vačarol: "Amen ka isprati tut đi ko čiro kaburi hem ka rova tuče." Napal ka đal o
Insano ke pire sevapora so zaradisarda thaj ka vačarol lenđe: "Pašo o Allah, me
abistardem tumen hem ni arakava tumen hem tumen sena manđe jek pharipe.
So ka dobisarav tumendar akana?" Lese sevapora ka vačaren lese:
"Me ka isprativ tut ko kaburi (Barzakh) hem ko đive kana ka ušte palem (ko đive
qiyameteso) đi ka arakadija ko amaro Gospodari". (izvor : aynul hayat taro allama
madšlisi)*

Amare sevapora znači e akcije so zaradisara ki dunyaja, von ka lepinpe pe
amende sar jek sindžiri so naštil te uladol pe amendar. E sevapora e lače
thaj e bilače buča, von si uvek amencar, sar ki dunyaja hem sar ano ahireti
(okotar palo amaro meripe). Ano Barzakh o Insano vi ka patisarol hem vi
ka uspisarol, zavisilpe tare lese akcije sar živisarda ki akaja dunyaja.

Pejgamberi Muhamamd (s.a.a.) vačarda:

*,, Oh Abu Dhar! Zamuliv tut te panti kava so ka savetiv tut hem anlen ani praksa.
Si duj berečetora kaj e insaja niđanen lengo hadi. Jek si o sastipe e trupeso hem jek
si o slobodno vakti kaj silen. Von ni koristin kola duj berečetora lače hem peren
pišmani pale gova. Hem abu dhar av zahfalno akale panđ bučendar hem arakhlen.
1. Arak, čiro Ternipe paj ni avol o puranipe. Se naj o zadovolsvo ko namazi ano
puranipe.
2. Arak o lačo sastipe, paj ni ave nasvalo, se o namazi klanilpe maj lače kana sam ko
lačo sastipe.
3. Arak o barvalipe, paj ni ave jek fakiri (čoro), te šaj te de sadaqa ano allav
Allaheso.
4. Arak čiro slobodno vakti, kaj situt, paj ni ave (uvek) astardo, te falisare e
namazora so anol čiro vilo zadovolno.
5. Dik čiro životo, paj ni astarol tut o meripe se tu našti te čere khančik, kana san tu
več mulo. O Abu Dhar! Ma kasnisar te čere lače buča! E lače buča save tu
odlučisardan te čere, čerlen ađive! Ko đanol, šaj tu hala san tehara ili šaj na!
O Abu Dhar! Ko Jek vakti sesa but insaja, e akana von naj više!*

Sesa but lendar kaj mukle pe buča teharače! Ama paj ni avilo o sabaho, von navle više! O Abu Dhar! Te bi đanesa i brzina e grastesi e merimasi hem i brzina sostar voj pašarol tut ko meripe, tu bi odbisaresa čire žele hem o čefi. O Abu Dhar! Akava Alemi (dunya) si sar jek prekidstanica . živisar o zivoto sar jek musafiri (dromtari).

Ma računisar la (i dunya) sar čiri derzava.Čiri država si samo kova tesno than ko limori (kaburi), hem de tut uvek godži kote ka beše.

O Abu Dhar! Ma mislitut sabahose but e aškamose. Se šaj te desilpe, kaj naj te astarol tut o aškamo! O Abu Dhar! Čer lačo korist taro čiro sastipe, paj ni astarol tut o nasvalipe. O Abu Dhar! Čer lačo korist taro čiro životo, paj ni avol tuče o meripe. Ko đanol, tehara šaj ka avol čo alav ani lista e džuvleđejendži ili ani lista e mulenđiri. Ili ko đanol! dali čo alav ano đive sudimaso ka avol ani lista e lače manušenđi ili katare e džunačara.

O Abu Dhar! Čer lače buča akana, sode san akana džuvdo. Ma bistar o ahireti, tuj praste pale e vlastora hem kana akumuliri len.

O Abu Dhar! Čudno si manđe, kaj e manuša ječe sikne bučače sikirinpe.

A Sar ka terpin von i jag e Đehenemeso hem leso opasnost. Me dikav e insaja sar bešen zelo rat, (te dičen) sar te dobisaren o zadovolsvo ki dunya. Manđe si isto čudno, sar dikhav e insaja kaj soven pese, hem hasaren o mogučno te dobisaren i nagrada kataro o zadovolsvo tari havaja ano lengo namazi.

O Abu Dhar! Dik o kratko životo, kaj si tuče škurime. Av lesa (e životosa) cicijašno te ni škipisare le ano prolazno zadovolso (buča) akale dunyače.

(izvor : aynul hayat taro allama majlisi)

Anglune Lafora taro akava lil :

Seyahat-i Gharb si škurime taro o Alimi Seyyid Muhammad Hasan Najafi.
Ano akava lil (knjiga Roman) vačarol katar jek personi jek ašiko e Ehlul
Beyteso kaj naklo i dunyaja hem nesisarol te mothol so desilpe lese ano
Barzakh katar o momenti kaj mulo.
O Autori čidla but vrste teme ano akava lil so bazirilpe ane Hadisora e
lafora e Pejgamberese (s.a.a.) (tare ši'isko hem sunnisko izvor) hem ano
Kurano (azimušan) taro o alemi (sveto) Barzakh.

„O HADI,, Ljol i forma tare lese (e mulese) lače akcije (e lače buča kaj
zaradisarda ki dunyaja). Leso ahlako (karakteri) hem i taqwa (dar
Allahestar) kaj sale ano leso džuvdipe.

„O ABU HAWL,, Ljol i forma tare lese (e mulese) đungale buča kova so
čerda ano leso džuvdipe sar primer lese džunahora.

Jek sikni Biografia taro o Autori:

Seyyid Muhammad Hasan Najafi Qotšani bijandilo ko berš 1878 ano
Qotšan ko Iran. Katare 13 berš nisarda te studerisarol o Islamsko nauka.
Vov studerisarda ano Qotšan, Sabziwar, Mašad, Isfahan thaj Nađaf.
Kana pherda 33 Berš vov irisajlo ko po forro ko Qotšan. Kote nastavisarda
te čerol buči dinesa (religijasa) e narodosa hem but uspisarda kote. Vov
nakhlo i dunyaja tare 68 berš ano Qotšan.

O Alemi (Sveto) „Barzakh„

O lafi arabski „Barzakh„ značil zido, barijera ili ulavdipe.

O Islam dol amen jek sikajpe, kaj o Insano palo leso meripe ka nastavisarol
te živisarol ano javer alemi hem ko javer način.
Ako živisarda o Insano lače ki dunyaja, vov ka uspisarol ama ako vov (o
Insano) sasa jek đungalo personi vov ka patisarol.
Kana ka avol o đive uštimaso (al qiyama), ka akharen (e Insano) te dol ano
baro računi thaj ka dol dzevapo ko Allah (đele šanehu).

Ki dunyaja, kote kaj ka merol o Insano materialno (kana leso špirto ka iklol
taro leso trupi) hem đi ko o đive uštimaso, leso špirto ka (nastavil te)
živisarol ano Barzakh. Znači koja si i faza maškar džuvdipe hem o meripe.

Ano Kurano amen čitosara:
„hem palal lende si jek Barzakh, jek zido đi ko o đive kana ka vazden len„
(Kurano Sura 23 ajeti 100)

**„Ma računin kolen kaj mule ano Allaheso drom, sar mule.Na! Von si
džuvde ko piro Gospodari, hem kote silen lengo risqi (nafaka).„**
(Kurano Sura 3 ajeti 169)

O Insano ka avol ani piri faza ano Barzakh konfrontirime ki massa prema
lese akcije znači vov ja ka uspisarol ili ja ka patisarol.

Predgovor taro o Autori taro akava lil:

Alhamdullillah Rabi Alemin.
I zahfala perol e Allahese so vladil ano sudno đive!
O Velikodušan, o Al Waasi.
Salawati hem selami po amaro pejgamberi Muhammad hem pe leso čisto
potomsvo (o Ehlul Beyt), e evlijora amare trupese hem špirtose.
*"O Kamlipe ki akaja dunyaja si jek baro nasvalipe, kole nasvalipe sile lese kašta
hem lese patra a te mislisare ko meripe (te kuijtisare) si o ilačo taro kova nasvalipe"*.

„Pejgamberi Muhammad s.a.w.a. vačarda:
O kamlipe ki akaja dunya si o kličo tare đungale buča". (bihar al anwar,b51,s 258)

Imam Al Kazim (s.a.) vačarda:
*I Dunya si sar jek more. Sode droma ka pijol jek trošalo latar (taro more), agači
(vov) maj but ka avol trošalo dok ka pharol.* (bihar al anwar,b75,s311)

Ano beš 1934 čidlem (o autori) e notize katar o Barzakh hem čutem o alav
seyahat i gharb.
Nadiman kaj akava lil ka avol jek memorija manđe hem e muslimajenđe jek
savet. O materialno trupi sile jek thuli perdava, so smetol e Insanose te
dičol ano javer alemi (sveto). Kana ka merol o Insano hem kana ka putavol
lese lesi perdava, vov ka dičol kova so vov ni dikhla, hem ka resol kote kaj
vov ni reslo.
o Pejgamberi (a.s.w.s.) vačarda:
"E insaja si ano sojpe. Kana ka meren von ka ušten." (bihar ul anwar, b4, s42)

Ko Kurano čitosara:

*"Tu sana nepazivno, e akana, amen ikaldam tutar či perdava, čo dičipe si
čisto ađive."* (Kurano Sura 50 ajeti 22)

E sikne arfora (lafora) :

(a.s.) : alayhis-selam – selameti upral leste

(s.a.a.) : Sallallahu alayhi wa Aalihi wa sallam – Allaheso salavati hem selameti upral leste hem upral lesi porodiza

sh = š

dz = ž

ch = č

dj = đ

>> = Nesisarol i dialogija

<< = Krajisarol i dialogija

Eselamun Alejkum mangle Phralalen thaj sajdime Phenjalen so nesisarden te čitosaren akaja knjiga : Mo džuvdipe Palo mo Meripe ano Barzakh.

Nadiman ko Allah (đelle šanuhu) kaj akava lil te avol manđe hem vi kolenđe save pomošarde man te avol amenđe akava trudo jek dokaz ano ahireti hem poučno sar manđe, me čavenđe, me familijače hem sa kolenđe so ka čitonla. Ma bistren amen ane tumare dovave.

Nijeti čerdam kaj i zarada so ka dobisara katar i izdavačka kampanija kaj te bičala isto za sadaka e fakirenđe (e čorenđe) hem jetimenđe ko zelo sveto.

Me zahfaliman me pralese e Ramadanose Dibrani kaj pomošarda man te ispravisara o prevod ki romani čhib.

Ane disave thana si disave buča mandar kaj te avol amenđe so maj jasno te svatisara. Ani akaja knjiga dodajisardem slike thaj disave hadisora ane komentara (fusnote). Ke disave teme ni irisardem kret o texto tari i knjiga. Kote čutem ane thana kaj ni prevodisardem e trin tačke (…).

Ako arakhlen ko akava lil greške ko škuripe (pišipe), me ka izvini man tumenđe. Amen mučisajlam so maj but hem so maj lače te irisara akava lil ki amari Romani čhib (kosovako dijalekti). Sebepi kaj si amari čhib gasavi, koja so si čori hem naj amen lafora, ama o Allah (đelle šanuhu) ka čerol amenđe afi hem kabuli ko amaro izmeti hem trudo.

In Ša Allah

BEGANI Safet, 12/02/2021
LYON

O Drom nesisajlo palo meripe

...hem me mulem.

Me dikhlem man hem utrujal mande. Me osetiva man sasto hem slobodno taro mo nasvalipe. Mi familija rovena paši mungri đenaza. Manđe avilo phare kaj rovena hem me thava lenđe vika kaj me sastilem thaj kaj ni mulem. Ama von as ni dičena man hem as ni ašunena man.

Maj palal avilo manđe jasno kaj si von mandar dur hem kaj naštisardam te komunisara maškar amende. Najarde mi đenaza hem učarde la jek parno šašafo (čefeni, kafan).

Napal inđarde e đenaza ke limora. A isto vi me sema kote prisutno.

Dikhlem maškar lende kaj sesa but vrste opasne havajnora (životinje),
khonik ni darajle lendar osim me. Amen reslam ke limora. Čute e đenaza
ani phuv. Me dikhlem so desisajlo hem avilo manđe jek dar. Ano kova
momenti me dijem ano kaburi thaj disave predatora napadisarde e đenaza.
Man sama jek bari dar katar kola opasne havajnora. Mi dar ni načola hič.
Kova manuš so čuta e đenaza ani phuv, vov naštil te dičola len. Kana durilo
kova manuš taro o kaburi, me dijem ani phuv te duravav e havajnoren, se
me kamava e đenaza.

Kote sesa but hem zurale havajnora. Naštisardem te dobiv len. Mo zelo trupi izdrala katar i dar. Napal molisardem e narodon te pomošaren man. Ama mi vika naštisarde te ašunen! Von ni dikhle so desilpe ano kaburi. Jek čovatar avile disave insaja ano kaburi hem duravde kolen havajnoren. Me zahfalisajlem lenđe.Von mande vačarde:

>>Amen sam čire lače sevapora. A kola opasne havajnora sesa čire đungale buča.

''Čačimase e lače sevapora duraven o đungalipe. (Kurano Sura 11 ajeti 114) <<

Atherna von durile. O kaburi phandlilo hem sa me amala hem vi mungri familija kaj perena mande paše, mukleman korkore ano akava tesno kalo than. Čak vi mi romni hem me čave, kaj mučisajlem lenđe me, mukleman korkore.

Mande sasa akava but phare.

Komentar:

Prednosilpe katar o Ehlul Baiti (a.s.) kaj vačarde:
"Ano Barzakh hem vi ano sudno đive, ka aven e lače sevapora ki jek forma ko jek nouri (ko jek sifati dritako) ke insaja hem ka pomošaren len ane phare stajne."(Bihar ul anwar vol.6)
Pejgamberi Muhammad (s.a.a) vačarda :
"Asni jek vakti ni načol gija but phare e mulese sar i angluni rači ano kaburi. nek avol tumenđe džunaji e mulenđe thaj den sadaka. Ako tu naštisare epa falisar duj rečatora lenđe. Ano kova momenti o Allah ka bičaljol milla melekora ke leso kaburi, so ka anen šeja (e mulese) hem o tesno kaburi ka buvjlaren đi ko đive kana ka phurden ko surr, thaj golese savo falisarda o namazi, le ka den le gači but sevapora agacik sode čalavol o kahm thaj ka vasden le 40 korakora maj opre."
Salatul wahša si jek namazi savo si lače te falisare ani koja rat kana čon e mule ani phuv se koja si i rat kana o mulo ka ačol korkoro. Kova namazi akhardol isto salatul hediye. Kova namazi nafila falilpe pali jazija namaz duj rečate. Angluni rečata recitirilpe i Sura Al Fatiha hem napal o Ajeti Kursi (ano Kurano ki Sura 2 ajeti 255). Ko dujto rečata palem i Sura Al Fatiha napal deš droma i Sura Al Qadr i broj 97 taro Kurano. Palo taslim (selami) vačarolpe akaja dovava:
"Alla humma salli 'ala Muhammadin wa Ali Muhammad wab'ath thawabaha ila qabri .... (e muleso alav)"

O pušipe taro Munkar hem o Nakir ano Kaburi.

Kur navlo man gasavi dar, me bešlem tele ko šoro e đenazako.
Me manglem te đanav so ka desilpe akana hem ječe čovatar nisarda te
mrdolpe o kaburi thaj nisarda te perol praho tare zidora hem taro plafoni.
Ke pungre taro kaburi sesa but brutalno disave opasne havajnora kaj
mučisajle te putren o kaburi. Atherna putajlo o kaburi thaj duj bare manuša
daravne dije andre. Mungri jedini nada sasa samo ko Allah. Saman jek bari
dar hem sema hasardo. Katar i dar me naštisardem te vačarav hem
molisajlem e Allahese te pomošarol man hem molisajlem te avol manđe o
šefati taro o Imam Ali* (a.s. dičen komentari taro šefatluko), đangljolpe kaj vov
pomošarol ano phare stajne (ko alav e Allaheso).

Komentara :

<u>Munkar hem Nakir</u> si e duj melekora kaj pušen e mule taro lengo imani (pačajpe).
E melekoren silen sano trupi. Von si čerde taro nouri (drita). Lengo nouri substanca si o
sebepo kaj najlen o čefi trupeso. Ano Kurano o Allah phenol kaj von si ibadetdžije
(izmečara) Allahese. Ano Kurano čitosara:
,, E melekora si samo čerde lese te čeren ibadeti,, (Koran Sura 21 ajeti 26.)
E maj pindžarde melekora si : Jibril, mikail, israfil, azrail, nakir hem munkar, kiraman
katibin. O maj kamlo meleko si o Jibril se vov si kova kaj anda o pejgamberese e
muhammadese (s.a.a.) o Kurano (i objava).
Prema disave hadisora mothon kaj sarsavo Insano si lesa jek meleko kaj pratil le, jek pi
lači rig (desno) hem jek pi džungali rig (levo), hem jek škuril e lače akcije (buča) hem jek
škuril e đungale akcije (buča) e Insanose. O Angluno odma škurisarjol. O paluno
asučarol , dali o Insano ka perol pišmani (tawba) hem dali ka đurol taro kova džunahi
(harami).
<u>O Šefati:</u>
O ajeti ano Kurano kaj dozvolil Šefati si primjer ki Sura 10 ajeti 3 : ,,…Naj te avol
Šefatluko osim ako vov dozvolil…,,
Postoil disave rivajetora kaj mothon kaj o šejfatluko ni perol svakonese sar primjer kola
save lije kolaj o farzi namazi. Phenol o Imam Đafar Sadiq (s.a.) :
"Amaro Šefatluko ni perol okolenđe, kaj lije o farzi namazi kolaj (kaj ni dikhle lengo
hadi). (*lil : Die licht der mere band 3*)

ibn Babawaih mothol taro jek lačo izvor kaj o Muhammad al Baqir (s.a.) phenda kaj o
Resulli (s.a.a.) potvrisarda :
"O Kamlipe (išq) prema mande hem prema mungro Ehlul Beyti, ka dobisarol o mumini
(o besimtari) ke 7 thana o šefatluko hem kola si:
1. Ko vakti e merimaso
2. Ko kaburi
3. Ko vakti e uštimaso (qiyameso)
4. Kana ka mothon lenđe akcije (nama al-amal)
5. Ko vakti e računimaso (be waqt al hisab)
6. Ko vakti kana ka matinpe e akcjie (ba waqt al-mizan)
7. Ki sirata čuprija (phurd)"
(lil ayn ul hayat – essens des lebens taro allama majlisi strana 127)

Duj bare melekora dije andre, hem lenđe iftire (sifatora) izgledina but
đungale kaj te ljol tut i dar lendar. Thuv hem Jag iklola andar lengoro muj
hem andar lengo nak. Ičarena jek ljoli ran an piro va. Napal ječe čovatar
pušle bare zonesa e đenaza sar jek grmaja.
>>Ko si čiro Gospodari (Doll) ?<<

Ane disave hadisora mothon o stajne palo meripe ka gija :
Ano kaburi ka aven duj melekora pi rig Allahesi hem ka pušen e Insano tare e
principora islameso sar : Tawhid (Allaheso jekipe), nubuwat (Pejgamburluko), Imamat
(lidera). Ako sasa mumin (besimtari), hem dol dževapo lače, leso kaburi ka avol ani lači
baščava hem ka koristil e Đenneteso lačipe. Ako vov navlo mumini (besimtari), vov ka
izdral, ka belbajil hem ka naštisarol te dol lačo dzevapo thaj leso kaburi ka pherdol ani
jag hem leso than ka avol o Đehenemo. (Bihar al anwar lil 6 s. 157, 216, 222,

Me đanglem kaj i đenaza naštil te irisarol o dževapo thaj odlučisajlem kaj
me te dav o dzevapo pe leso than.
Samo kaj te spasivman katar lenđi jag, se me đanglem ako i đenaza naštil te
dol o dzevapo, von ka phabaren o kaburi kret ani jag.
Tari bari dar kaj sama, me naštisardem te vačarav. Egolese molisajlem e
Allahese, kaj si vov o spas okolenđe ko si ano zori thaj pašo o hateri e Imam
Alijaso (a.s.). Me but kamava le hem đanav bilo ko savo alemi hem ko bilo
savi faza vov ka pomošarol. Akava stanje si sar kaj si škurime ano Kurano:
"...Tu ka diče e insajen sar mate ama von naj mate... (Kurano Sura 22 ajeti 2)".
Napal durili mandar i dar. Mungri besima barili hem sema sposobno te
vačarav hem te dav o dzevapo. But bešlem (paj ni vačarav) jek lafi.
Palem von holinasa pušle man:
>>Ko si čiro Gospodari (Doll)?<<
Me dijem lenđe o dževapo:
*>>Vov si o Allah, osim vov naj javer doll, vov si kova kaj đanol o garadimo hem o
javno . Vov si , O Rahmetdžija e Rahmetdžiango. Vov si o Allah, osim le naj javer
Dol, O Vladiri, O Sveti, O čisto , kova kaj doll sarsave osigurava, O
predominantni, (gova kaj sile) bari Sila, O Uzvišeno, O Gordija. I pohvala perol
Allahese, (o Allah) nakhavol kova so čon partnere paša le (kaj ćeren širk).Vov si o
Allah, O Svoriteli, vov kaj čerol i početak tare sa e buča (dol egzistencije), o
formiranje.*

Lese si e maj lače alava (al husna wa al husma).Sa so si ani havaja hem pi phuv, pohvfalin le (Allahe), hem vov si o baro, o mudar (godžaver). (Kurano Sura 59 ajeti22,23)

Komentari :

O Pejgamberi Muhammad (s.a.a.) phenda :
"Okova ko vačarol Trin droma ano sabaho : „A'ezu billahi sami il alim mine šejtanil rađim ,, hem recitiril e 3 palune ajetora tari i Sura 59 ajeti 22 – 24, o Allah ka bičaljol lese 70 000 melekora kaj lese dovava te čeren đi ko akšamo, ako vov merol ano kova isto đive, vov merol sar jek šehidi. Ako jek recitiril akala ajetora isto akšamose, leso vrednost si isto. (izvor : al bayhaqi, tirmidi)

Me recitirisardem lenđe akala ajetora. Akala ajetora uvek recitiriva ki dunyaja ano palo sarsavo sabaho namaz hem prema kava ajeti me manglema samo te mothav lenđe kaj si isto vi e insaja si vrlino.
Se e melekora čute po Insano kaj von ka čeren samo zulumi (šteta) hem kaj ka čeren rat ki dunyaja hem von (e Melekora) odbisarde o stvojrene Insan (adam a.s.) *(dičen ki Sura 2 ajeti 30)* hem mislisarde kaj e insaja naj te aven vrlino hem kaj ka avol len (đungale) bilače sifatora (osobine). Taro akava dzevapo katar o ajeti Kuranoso, smanjisajli lenđi holi. Lenđi iftire so sasa grčime irisajle palem normal. Jek meleko vačarda javerese,
>> Šaj si akava jek islamsko alimi (đanglo, šeikh). Lače bi avola lesa te ponaši amen lače.<<
Ama o javer Meleko phenda lese,
>> Ka dikha sar ka dol dzevapo ko dujto pušipbe hem ka dikha kote sar ka poštoisara le. Tu đane kaj naj nisavo korist i buči taro dunyaluko.<<
E Melekora nastavisarde te pušen:
>>Ko si čiro Pejgamberi ? <<
>>Mo Pejgamberi si o Rasulullah, o Allah bičaldale e zelo ummetese (svjetose), te uputil len. Vov si o Muhammad o čavo taro Abdullah hem o paluno pečati tare pejgambera.<<
Ka gija irisardem lenđe o dževapo.

Taro kava dzevapo von smirosajle maj but. Lenđe iftire putajle maj jasno.
napal von pušle man:

>>Savo si čiro lil (knjiga) , Savi si čiri Qibla ? Ko si čiro Imam ?<<

Me dijem len dževapo:

>>Mi knjiga si o Kurano. Mi qibla kaj irisajlem ko namazi si i Kaaba ani mekka, *"hem bilo katar tu ka ikle, iri či iftira ki i sveti đamija (masđidul harram (Kurano Sura 2 ajeti 149),* a o duhovnost,(spiritualno) *"Me iriman iftirasa kolese, kaj čerda i havaja hem i phuv, đav leste ano pravo drom hem naj sem tare e sledbenike so den ano širk (mušriqeen). (Kurano Sura 6 ajeti 79).*

E (Imamora) naslednikora palo o Pejgamberi si deš duj. O angluno si o Imam Ali (a.s.) o čavo taro talib a o paluno si o Imam Mahdi (ajtfs). Len moram te kanda taro o emri (naredba) e Allahesi. Von si čisto (mahsum) tare džunahora hem von si o svedoko ki dunya amare bučendže : ko ahireti amare šefatdžiora...<<

Me dijlem len but informacije taro sarsavo Imamo. Von phende :
>> Navlo potrebno te desa baro dževapo. Tu šaj samo ječe lafesa te
završisa.<<

Komentara :

O Pačajpe ane 12 Imamora prema sunniske lila :
„ Me ašundem e Pejgambere (s.a.a.) kaj vačarda: „ Pala mande ka aven 12 emire
(vodičora, naslednikora),, Vov napal phenda jek lafi so ni ašundem.Mo dad phenda: „
Kret ka aven katar o kuraiš,, sahi muslim vol 5 broj 4705, abu dawud hadis broj 4276
O Amaneti e Pejgambereso (s.a.a.) „ Me ka mukav tumenđe 2 phare buca, akava si o
Kurano hem mungro Ahlul Bayt,,. (sahi muslim 6225, ibn kesir s. 33 a. 33)

O Pejgamberi Muhammad (s.a.w.s.) vačarda :
„I vera (religija) ka nastavilpe dok ka avol o đive qiyameteso hem ka aven tumen 12
zamenikora.,, (lil : Buhary hadisi br. 7222, Muslim hadis br. 4705, al Mustadrak)

hem ko javer hadisi vov (s.a.a.) phenda :
„O Mahdi ka avol katar mungro potomsvo, jek fiso katar e fatimako.,, (lil : abu dawud
4284, Al trimidhy 4281 hem ko lil taro ibn Majah)

Ane javer sunniske knjige al dhahabi ki knjiga tazkhirat hem ibn hajar asqalani kaj
prenosil o ibn abbas kaj o Pejgamberi (s.a.a.) phenda: „Mesem o lideri e Pejgamberengo
hem o Ali ibn abi talib si o lideri tare nasledninikora,,

O Allah liparol i čistoča e Ahlul Baytesi ano akava ajeti: „,...Zajsta o Allah manđol te
duravol tumendar o nečisto, O Ahlul Bayt hem te čistol tumen kret čisto. Sura 33 ajeti 33

I naredba te sledisara e Ehlul Beyte : „ O Tumen so pačan: Kanden e Allahe hem kanden
e Resulle hem kolen kase perol o emri (naredba) maškar tumende,,. Sura 4 ajeti 59

>>Čačimase me trubuv maj detailno te dava o dževapo tumenđe, se tumen
sena sumnivo po Insano hem protestisarden protiv amari kreacija
(stvaranje). Katar kova đive kana ašundem taro tumaro protest, me
nasvajlem<<, phendem lenđe me.

Pale kala lafora, me asuđardem len te pušen man javer pušipbe.

Ama von samo pušlem man :

>>Katar hem kastar lijan tu i škola tare kala lafora (o đanglipe) ?<<

Me palem hasajlem (bunisajlem). Me manđe phendem :

>> Ni đanav dali e argumentara, ki dunyaja taro đaheleti (biđanglipe), e greške kaj sičilem kaj si tačno. Vi te avola tačno (e argumentora), von si samo materialno đanglipe tari dunyaja hem von si samo koris ki dunyaja, (a i dunya) si o čer taro đahiluko. Se akava dokaz si sar jek ran, so phiravol la jek koro. Ano akava alemi (Barzakh), so dičol pe sa e buča maj čisto, ni pomošarol khančik i ran. So roden von mandar? Me korkore manđe phendem: Ya Allah. Me sem nevo ano akava alemi (Barzakh) hem me ni razumiv lengo vačaripe (pušipbe). Ya Allah pomošar man hateri e Imam Alijaso (s.a.)!<<

Me sema tuj čerav manđe hali hem molisardem e Allahe. Ječe čovatar holinasa pušle man palem:

>>Katar tu lijan o izvor tare akala dževapora?<<

Lenđe iftire sesa but kale hem lenđe jakha ljole. Von sesa samo hazer te čalaven e ranasa. Zerače pelema ano nesves.

Phanglem me jakha. Ano kova momenti avilo manđe jek ilhami (jek inspirazija) taro dževapo. Napal irisardem lenđe phare glasosa :
>>O Allah uputisarda man ane akala lafora<<
Atherna von vačarde:
>>Epa sov tuče ponosno sar jek terno ženimo <<
Napal von mukle man (durile). Dali sovdem ili pelem ano nesves ama me ačardem man ločime.

Kana uštilem taro sojpe, Me sema ani jek lači lačardi soba hem ani koja soba sasa jek lepo (lačo) terno Manuš ano lačo miris.Taro poštovanje uštilem hem dijemle o selami. Vov irisarda manđe o selami tuj asal hem lijam amen ani angali hem vov vačarda :
>>Beš tuče, Me najsem as Pejgamberi as Imamo hem as Meleko ama mesem čiro lačo dosti (amal).<< phenda vov.
>>Me sem radime kaj sem tusa. Ama ko san tu ? Sar si čo alav?<<
>>Mungro alav si HADI (lideri), mungre nadimak si, Abu al Wafa hem Abu al Turab. Me vodisardem tut ko čiro paluno dževapo. Te grešisa, von ka čalavenasa tut ranasa hem čiro kaburi čerdola kret ani jag taro Đehenemo<<

Komentara:

O đive, kana sarsavo nafsi (Insano) ka dol piro dževapo prema kova sa so čerda, lačipe hem so čerda o đungalipe. bi ka manđolasa kaj te avol maškar vov hem kova đungalipe jek bari distanca. *(Kurano Sura 3 ajeti 30)*

Ano akava đive o insaja ka aven jek po jek hem ka sikaven lenđe akcije (delora) "okova ko ka čerol jek sikno truno khayri (lačipe) , vov ka dičol, okova ko ka čerol jek sikno atoma šerri (đungalipe)" vov ka dičol. *(Kurano Sura 99 ajeto 6-8)*

O Pejgamberi Muhammad (s.a.a.) vačardasa e kaysese ibn asim:

"O Kays, Palo gova kana ka mere, ka avol tusa ani phuv jek amal. Vov ka avol džuvdo a tu ka ave mulo. Ako si vov lačo, vov ka pozdravil tut lače hem ka gostil tut lače. Ako si vov đungalo, tu ka ave ko zori ane but buča. Vov ka avol tusa ano đive uštimaso (yaum qiyama). Tu ka de đevapo (hisabi) lesa. Av tu lesa lače, ako si vov lačo, tu ka kamele. Ako san tu lesa đungale, vov ka izgledil (tuče) katar kova sostar tu maj but dara. Čamise vov si čire akcjije (čire buča)." *(ko lil Šeyh Saduq)*

Ko ajeti Kuranoso leso značejne si, kaj e insaja sar ko Barzakh hem sar ko đive uštimaso von ka dičen pire buča. Ko javer lafi: E Insanose akcije ka phiravolen o Insano an peste hem lesi forma (resultat) ka iklol anglo narodo. Tare lese akcije vov ka avol ja kazmime ili spasime.

>>Me zahvaliman tuče. Tu spasisardan man. Ano sarsavo pušipe so pušle man taro o Islamsko Aqida (pačajpe) me šajsardem te dav len o dzevapo. Ama o paluno pušipe navlo manđe jasno . Se kana amen motha o čačipe, ni trubul te rodolpe argumentora. Sar primjer : Ako muka ječese tati angara ko leso va hem vov thol vika "Mo va phabol" amen ni pušale ano kova momenti: 'Sose phabol leso Va ?'. Vi te pušale, vov ka vačarol : 'Te na korajlan? Ni diče i jag po mo Va?' Me manđe phenav kaj o paluno pušipe sasa manđe sar akava primjer.>>

>>Na. Najsan ko pravo. Naj korisno e manušenđe ako sikava o čačipe samo lafesa (čhibasa). Trubul ta avol jek yaqin ano kalbi (sigurnost ko ilo), te inđarjol len ane lače buča te čeren. O Kurano' vačarol : "*E Arapora tari pustinja vačaren : ,,Amen pača,, vačar : ,,Tumen ni pačan. Po maj lače si te phenen :,, " Amen prihvatisardam o Islam", se lengoro imani (pačajpe) halja ni dija andre ano lengo ilo,, (Kurano Sura 49 ajeti 14).* Ko angluno đive savore dije dževapo kana pušlalen o Allah ,, *Najsem me tumaro Gospodari ? (Kurano Sura 7 ajeti 172)* ,, von phende ,,Va,,.

Ama kana sasa lenđe naredime te ičaren disave šartora so čutalen ano
iskušejne (proba) o Allah, samo sikni broj tare kola narodo ičarde po lafi
hem kaj ičarde o farzi (dušnost). Ki angluni faza savore dževapo dije taro
akava pušipe ko čačipe ano zahir (javnost, dali si mumin (besimtari) dali si
munafiko (hipokrit, duj ivtirencar). Ama ko paluno pušipe, kote dičolpe
kaste si o Omano ano kalbi. Kole kaso Imano si ano kalbi, vov ka resol ko
paluno pušipe ko lačo dzevapo, hem tu dijan lače lafora hem ka ave
slobodime. Ama okova ko ni svedočil batini (andral), vov ka vačarol:
„Mungro Imano avol taro taqlid (imitacija). Gasavo imano naj kančese.
Ako pantisare, akala lafora si liparde ane rivajetora tare e mahsumora
(bezgešno) Imamora (a.s.).<<
>>Akana pantisarav. Me katari dar kret habistardem kana pušleman .
Tu dijan man gođi. Akalese me tuče zahvaliman hem mangav uvek tusa te
avav.<<
Me pušlem le: >>Motho manđe, katar pinđare man tu gija lače ama amen
kur ni arakhadilam? Me kamav tut. Ako tu man muče me šaj ka avav
uništime.<<
A vov phenda : >> Me taro početak semasa tusa hem kamava tut. Ama tu
man ni dičesa, se ani dunya navle če jakha čisto, se kaj sasa tut jek perdava
phangli so naštisa te dičesa man. Mesem či lači veza so sasa tut o kamlipe
ko o Imam Ali (a.s.) hem ko Ehlul Beyti e Pejgambereso (s.a.a.).

Komentara :

Ano Kurano isiamen i naredba taro o Allah aza wajal kaj neredil amenđe te kama e
Ehlul beyte : "Vačar ya Muhammad ; me ni rodav tumendar nisavi plata osim o kamlipe
prema mungri porodiza." Sura 42 ajeti 23
Ano jek rivajeti taro sunnisko alimi o Imam al tabarani ko lil al madsčam al kabir vol. 3
strana 47 kote čitosara kaj : O Ibns Abbas đelo te pušol e Pejgambere ko si kola kaj si
amenđe naredime te kamalen? Resulli Allaheso (s.a.a.) phenda : " Kola si o Ali hem i
Fatima hem lenđe duj čave o Hassan hem Hussein."

Mesem i bakija (nouri) taro hidayeti (uputa) , so dobisardan taro čiro kapaciteti. Egolese mesem tuče čiro Hadi (lideri). Mesem čiro Va, o maj zuralo va astardo, so ni uladol hič. *„Okola ko odbin (ni pačan) ko Taguti hem pačan ko Allah, (von) ičardon pe ki najzorali veza koja so naj te činadolpe. A o Allah sa Ašunol hem sa Đanol. (Kurano Sura 2 ajeti 256),,*. Me naj te durijav tutar, sode ni durave tutar če volje hem čo čefi. O Sebepo sose kaj si mo nadimak Abu al-wafa hem Abu al turab, me avav taro čiro Edepi čire lafonengo, čiro lafi kaj ičardan hem kaj sasa tut isto o lačo ponošajne prema e Muminora (besimtara). Maj kračinjo mesem o kapiciteti taro čo aški (kamlipe) prema o Imam Ali so avilem ki dunya.

Komentar :

Ko lil taro Basair ad-Darađjat mothol kaj o Imam Đafar Sadiq (s.a.) phenda kaj o Resulli Allaheso (s.a.a.) vačardasa e Imam Ali'jase :
"Ya Ali ! Me dikhlem sarsave čavoren hem sarsave manušen ko alemi e špirtongo, me dikhlem tut hem čire Šijen (sledbenikoren) hem molisajem spas te avol lenđe!,, O Imam Ali (s.a.) pušjla e pejgambere (s.a.a.) : "O tu Pejgamberi e Allaheso. Moliv tut te motho manđe maj but taro o vrednost tare mungre Šije". O Pejgamberi (s.a.a.) irisarda lese o lafi: ,, Ya Ali. Kana tu hem čire Šije kana ka ušten tare kabura, lenđe iftire ka čuden nouri sar o čunut (mesečina). Derti (tuge) hem problemora naj te pašol tumenđe. A e javera insaja ka aven tudžno ama čiri grupa ka avol rahatime hem radime talo lado e havajengo. Javera ka aven astarde tuj den ano dževapo tare lenđe akcije hem tu thaj čire Šije ka kanačin tumen katar o lezeti e Đenneteso.,, (ko lil taro : aynul hayat - essenz des lebens strana 127)

Amaro dičipe hem ulajpe zavisila kret tutar. Kana čerese džunahora hem kana čeresa đungale buča, me duriava tutar. Kana peresa pišmani , me lava jek than ke tute. Vi ano akava drom ano Barzakh ka avav paša tute, dok ni čerdana greške.
„O Allah kur naj nepravedno ke pire izmečara,, (Kurano Sura 3 ajeti 182)
,, Ama von pese čerde bilačipe.,, (Kurano Sura 9 ajeti 70)

Me ka đav akana. Harati tut zera. Mesem kova, o amaneti taro Allah tuče.
Ano Kurano si pherdo istorije mandar. Nažalost kaj phene kaj ni pinđare
man viako kaj čitosardana but o Kurano. Ka dikha amen palem<<
Ačilem palem korkore hem čerdem manđe hali taro mungro stajne hem ane
lafora so vačarda manđe o Hadi. Akana lijem veš kaj o odnos hem o stajne e
Insanoso si leso životo sar ani dunya hem leso značajne o Insano ka ljol veš
palo leso meripe.

-----

komentara:

Amaro Pejgamberi (s.a.w.a) vačarda:
''E insaja si ano sojpe. Kana ka meren.Von ka ušten.''
(bihar ul anwar b.4 strana 42)

O vačaripe taro o Zulkarnain (a.s.) ko zulumati (terri) :
''Sa okola ko ka len pese zalla (phuv), hem kola ko ni lije (pesa phuv), von
ka peren pišmani ko dičipe (palo meripe)'', akate ka mothodol duj buča so
ka aračol e Insano, sar ki dunyaja hem sar ko ahireti. Se sarsavo ka perol
pišmani kate hem leso stajne ka zavišil ki dunya:
*''Ma te vačarol jek (Insano): ,,O teško manđe, so hasardem ko Allah! Se me semu
čačimase maškar e prasujmase. (Kurano Sura 39 ajeti 55 hem 56.).*
Ama i tawba (o pišmanluko) palo meripe naj te avol amenđe korist, se i
tawba si kate phandli. Napal palo kova (lija man i lindra hem) sovdem.

Kontrola tare me akcije

Palo sikno vakti, me ačardem duj insaja sar bešena paša mande.
Okova kaj bešlo pi mi lači rig, vov izgledila but lačo, a okova javer kaj bešlo
pi mi đungali rig, vov sasa but đungalo (gadno).
Von lije sung mo trupi, kataro mo šoro đike me pungre hem pišisarde
(škurisarde) khančik po jek lil. Von pherena e kutije isto javer bučencar hem
phandena e kutije.Von lije but droma sung mo trupi , lije sung isto me
jakha, me kan hem mi čhib a isto vi mo kalbi (vilo) hem mo Aql (mo razum)
lenasa sung hem vačarena pozera maškar pe. Palem ponovo hem
koncentirime lijena sung mo trupi. Pišina hem palem čonasa khančik ani
kutija. Me ni mordova man kataro than, te na ačaren man kaj sem uštindoj.
Me but darajlem. Taro lengo ponošajne hem taro lengo ozbilno , manđe
avilo atherna jasno kaj von pišin mungre lače hem đungale buča (sevapora).

O lačo Manuš (meleko pi laci rig) uvek mislisarda ane mungre lače buča. Me ašunava sar vačarena maškar peste,sar ni mukla javere manuše te pišil mungre đungale buča se kaj peravasa pišmani (ki dunyaja) hem kaj irisardema mungre džunahora ane lače buča (ane lače akcije), egolese kamava maj but e manuše savo sasa pi mi lači rig.

————————————

Komentar :

O Insano ka bešol disavo vakti korkore ano kaburi hem o Allah o Al latif (o guglo) ka bičaljol jek meleko hem leso alav si Al Ruman. Lesi uloga si kaj te aktiviril o duhovnost i memorija e mulese (Insanose) hem te mothol lese sa so čerda ani dunya. Lesi buči si isto kaj te preračunisarol lese akcije taro insan hem te čole ko jek lil. Disave phenen kaj o meleko al ruman ka phenol e Insanose kaj vov te pišisarol phire akcije pire najesa ke piro cefini . Akava meleko al ruman lipardolpe ano lil sahafiya al sajjadiya taro i Imam Zaynul abedin (s.a.) ani lesi 3-to dovava. Atherna ka čon lese kova lil pi lesi kor.
Ano Kurano čitosara : *…hem ko sarsavo Insano, amen phandlam pi lesi kor lese sevapora: hem ano đive uštimaso ka ikala jek lil (knjiga) so ka putavol angal leste"(Sura 17 ajeti 13).*

O mučipe (kazma) ano kaburi

E atherna kana zavrišisarde piri uluga (obaveza), von čidle sa e lila bašk
thaj uladelen manđe sar jek lanso pe mi kor hem i phandli kutija čutela ani
jek tašna andre. Hem kova muklele manđe po mo šoro. Napal čute man ano
jek kafezi kaj si čerdo taro sastri hem phandlele. Von phandle e štrafora
zurale hem o kafezi čerdilo uvek maj tesno, te mučisarol mo kolin.
Naštisardem te lav frima (vazdug). Manglema te thava vika ama me
naštisardem.

komentar:

Imam Đafar Sadiq (a.s.) vačarda:
Nijek mumini naj te avol spasime taro o mučibe (i kazma) ko kaburi. (Bihar al anwar k.6
s. 221)

Von nastavisarde te phanden zurale o kafezi. Mungro trupi but tesno
čerdilo sar jek cevi. Sa me kokala phadžile. Andaro mungro trupi iklola
kalo uli, sar jek phabardo uli. Ni đelo but vakti thaj me pelem ano nesves.
Kana avilem palem an mande, mo šoro sasa pe Hadese koča.
>> Čer manđe halali Hadi! Naj man takati te uštav. Falisar manđe<<
phendem e Hadese. Mo zelo trupi dukhavdilo. Naštiva te lava frima.

Mo glaso but slabo. E asva perena pe me čama (obraz). Akava sasa o
angluno pharipe kaj patisardem se kaj navlo o Hadi paša mande.
Te haratiman o Hadi vov manđe vačarda:
>>Sarsavo manuš ka avol napadime ani akaja angluni Faza ko Barzakh.
Naj samo tuče. Ama ka žaliv tuče jek ločaripe (olakšipe) hem me nadiman
tuče kaj te ni ave palem ano gasavo stajne.
Te đane, akaja napada ano Barzakh avol tare če buča so zaradisardan ani

dunyaja, se akava kafezi si jek forma tare če bilače osobine (sifatora), save kaj si lepime ki či holi. E đungale osobine (sifatora) e Insanose, ka avol ani jek forma sar akava kafezi. E đungale sifatora sile trin buča: Pohlepa, kibri (baro gođako) hem o hasad (injatluko). O sebepi e Ademe (a.s.) kaj sasale i pohlepa o Đenneti sasa lese zabranime. O sebepi e Šejtano kaj sale o kibri (oholost), o Allah duradale, hem o sebepi katar o Hasadi (o injato) o Kabili (a.s.) mudarda pe prale e Habile hem vov dija ano Đehenemo. Ama akala trin bilače osobine (sifatora) silen javer milla grane. Zavesil taro o Insano, ja ka aven le maj but ili maj zera<<

Amen tuj vačara o Hadi nakhada po va (milovisarda) po mo trupi hem me dukha nakhle mandar hem me kokala sastile palem. Dobisardem palem nevi sila hem jek nevo životo. Mo trupi te phene čistosajlo sa tare mungre džunahora hem e nečisto buča.

E akana si mo trupi thaj mungri iftira čisto hem pači. Ko kraj me lijem veš, kaj i kazma ano kaburi sasa manđe jek pouka (lekcija), jek pouka čistoča. E bilače osobine (sifatora), e džunahora e Insanose kaj te iklen taro o mučejne ano kaburi avral.

Komentar:

O Mučibe ano kaburi ano Barzakh avol tare e džunahora e manušese se kaj ni pelo pišmani.Vi ako sasa vov jek lačo besimtari, vov palem ka avol kazmime ano kaburi tare lese greške hem džunahora so čerda. Sad ibn Maaz (r.a.) sasa jek lačo ašabo pejgembereso (s.a.a.) hem taro poštovajne vov falisarda lesi đenaza ko mezari (limori) porango thaj phenda kaj sesa isto prisutno vi e melekora o Jibril hem mikail. Kana dikhla lesi dej kava voj phenda kaj si lako čavo bahtalo. o Pejgamberi (a.s.) phenda: "čutisar. Tu našti te durave o mučibe ano kaburi. o Sad navlo lače pire familijasa thaj golese patisarol."

O ziyareti ki familija.

O Hadi vačarda manđe:
>>Akaja tašna ka phiravela tusa. Putar i tašna. Ka dikha so si tut andre.<<
Me dikhlem ani tašna phandle kutije hem upral lende sasa pišime *„Odredbe ani akaja faza e dromesi,,* hem ki javer kutija sasa pišime *„Ane problemora hem ko pharipe ani javer faza,,.* A e javer kutije sesa javerenđe faze. Me misliv kaj me ka nakhavav but faze. Sarsavi kutija ka putavol kana ka avol leso vakti, a so ka avol andre, me ka dikhav atherna. Me pušlem e Hadije,
>>So si akala kutije ?<<
>>Von si o vakti e račako hem e điveseso taro čiro životo, so zaradisardan e lače hem bilače buča. Lengo vakti kaj nakhlo von sesa phandle sar i Dej tari bisera hem e sevapora sesa pazime sar e bisera hem von si akana ano akava Alemi ani jek forma ane phandle kutije.<<, objasnisarda manđe vov.
>>A sosi akava lanso pe mi korl ?<< pušlem le me.
>>Voj si čo lil tare čire buča (akcije). Ano sudno đive tu moram te de ko dzevapo taro kova tu so zaradisardan hem so hasardan. Akate ano Barzakh ni ivil tut akana.
"hem ko sarsavo Insano, amen phandlam pi lesi kor lese sevapora: hem ano đive uštimaso ka ikala jek lil (knjiga) so ka putavol angal leste" (Kurano Suru 17 ajeti 13).
Če Odredbe (sevapora e lače) si zera. Tu moram te beše disave đum'a (petak) akate. Siman tuče nada kaj te bičalen tuče lače hediye (lače sevapora,) tuče andari Dunyaja, te aven tut maj but sevapora. Gija sar vačarda amaro Pejgamberi (s.a.w.a):
"Ako situmen maj but odredbe po drom, još maj lače si".
Me ka đav akana te lav o iđazeti e dromeso (dozvola tari transicija). Ako ni reslo tuče khančik đi ko četvrtak akšamose andari i dunya, tu moram te đa te čere ziyareti čire familija. Nadiman tuče, kaj von te mislinpe ke tute hem te čeren dovave tuče. <<

Phenda manđe o Hadi thaj đelo. A me asuđarav...

Mo than sasa komforno. Me sema ani jek soba hem ani soba sasa jek but lačo tepiko.
Avilo o đive četvrtak akšamo. Manđe hala khančik ni reslo hič hediye andari i Dunya. Me đelem te čerav ziyareti ko mo čer ani jek forma oblika ječe čirikjlači hem bešlem pi jek kaštesi grana gija sar dija man savet o Hadi.

---

komentara:

Prednosilpe ani knjiga haqq ul yaqin katar o allama majlisi, kote si škurime :
E špirtora e mulenđe (ko stajne duhovnost, spiritualno) , ano kurko, ano čon ili jek drom ano beš ka aven ani forma ječe čirikjlači (kaj ni dičolpe amare jakhenca) hem ka čeren ziyareti phire familija. Ako čeren von lačipe (bicalen sevapora e mulese), vov ka radilpe ako na vov ka avol tudžno.

O Allah aza wajal vačarol ano Kurano:

„hem ma vačaren okolenđe kaj mudardile ko Allaheso drom,'mule' ; naprotiv, von si džuvde; ama tumen naj sen svesno. Sura 2 ajeti 154

O Pejgamberi Muhammad (s.a.a.) vačarda:

O špirto e Muminoso (besimtaroso) si sar jek čiriklin, so hranilpe katar o kaš e đenneteso, dok o Allah iril palem (lengo) špirto ke lengoro trupi ano đive uštimaso (ano yaum qiyama). Lil ko Imam ahmad (sahi al albani).

O Pejgamberi Muhammad (s.a.a.) vačarda:

Čačimase, e špirtora e besimtarenđe si maškar i havaja hem i phuv. Von šaj te đan te čeren ziyareti kote kaj si lenđe želje. A e špirtora e pabesimtarengo si phandle ki dolina Đehenemoso.

Me dikhlem mungre pašutne, mungre amala hem kolen kas pinđarava kaj čedinisajle (čelime) ko mo čer hem čute kušem hape manđe e musafirenđe. Disave vačarena (čerena dersi) taro meripe thaj gilabena i Surat al Fatiha. Ama hič hediye ni reslo manđe lendar đi akana. Akava čeren sose kaj ačilo lenđe sar jek tabijati hem golese ni akharde ječe jetime (čore) ili ječe kaj si ko zori (hitno). Okola kaj si akharde von samo avile pe čefestar, samo te han mangro hem te čeren pese muhabeti. As ni molisajle e Allahese te oprostil manđe me džunahora ili te bičalen manđe sevapora hem te mučen makar jek asvin e Imam Husseinese (s.a.). A kana grešila o hizmečari von (e musafiia) akušle le thaj vi lese mulen.

A mungri Familija von samo rovena sose kaj navlo len više khonik ko te vodil len kote hem kaj naj len ko te dičol lengo računi. Von but hasajle ko dunyaluko hem khonik ni dijape gođi ke mande hem ni dijepe gođi ko meripe thaj so ka aračol len ano ahireti. Te phene, kušem o Ahireti si samo mancar ani veza hem kaj len naj te astarolen o meripe.

Von vačarena maškar peste : *'Sose mulo hem sar mulo?'* Von sesa protiv mo meripe. Te phene kušem o Allah napadinlen. Rodav zaštita ko Allah. Sumnivo hem Mazumi irisajlem palem ke limora ko mo čer. Manglema te dava arman me familija ama palo kova ni manglem. Ani rupa taro mo kaburi dijem andre.

Dikhav o Hadi sar bešol. Maškar i soba sasa jek tabla hem pherde gugle phabaja.

>>Katar avol akava ?<<

>>Jek gilabda i Sura Al Fatiha pašo čo kaburi hem o Allah nagradisarda tut. O Allah te bičaljol lese berečeto. Vov avilo ko momenti<<

O ziyareti tare e Imamora hem e Alimora

O Hadi dekorisarda (lačarda) i soba hem anda stolize taro zlato hem astale. Vov Čuta jek but zurali drita ko plafoni.

>> Sosi kava ? Sose san tuj lačare i soba? Naj te ikla katar avral? Naj sam amen dromtara?<<

>>Isiman vi jek lačo haberi tuče. E čave tare Imamora so čerdanlen ziyareti ki dunyaja ke lenđe tülbe (kabura) hem vi e alimonenđe, hem lenđe alava so lipardan len aračasa ano namazi *(salatul witr namaz)* , vi lenđe türbe (kabura) so čerdanlen ziyareti hem i al fatiha so bičaldan lenđe, von ašunde tutar kaj ka nesisare čo drom ano ahireti. Egolese von manđen tut akana te čeren ziyareti .<<

>>But lače<<

Kana ašundem akava haberi, me smirosajlem hem radisajlem. Savo lačo bahtalipe (blagodat).

>>Amari soba si but sikni<<, phendem e hadese.

>>Tuče dičolpe kaj si sikni. I soba ka barol kana ka den andre<< phenda o Hadi. Iznenada avile e musafira nouri (dritasa) pi lenđe iftire. Angluno avilo o Abu Fazl (a.s.) o čavo taro Imam Ali (a.s.) hem o Ali Akbar o čavo taro Imam Hussein (a.s.).

Komentar :

Abbas o čavo taro Ali o čavo taro Abi Talib, vov si pinđardo ko leso nadimak Abu Fazl (isto Alamdar bajraktari) hem vov si jek heroj ko tragično đive Ašura 10to đive ko hijjrasko kalendari 61. Leso dako alav sasa Fatima bint huzam, umm ul-banin.
Vov bijandilo martako, 4to šaban ko berš 26 palo hijjra ki Medina.Vov sasa baro asčeri ki lufta (maripe) ko Siffin hem nakhlo Šehidi ki Kerbela. Vov sasa o bajraktari phire phraleso (polubrat) Imam Huseineso (a.s.) hem ko kraj e luftako (bitka) ki kerbela vov mučisajlo e čavorenđe kaj sesa trošale ke šatora paj te anol ko euphrat.

Baro hrabos vov hasarda (činde lese duj va se kaj astarda i torba pajesi ke lese va) hem naštisarda te resol ke šatora te inđarol o paj e čavorenđe hem nakhlo Šehidi ko 10to đive ko čon Muharram 61to berš palo hijjra. Egolese si lesi tulba (kaburi) samo šol metre dur taro Imam Husseienso (a.s.).

O Ali Akbar (a.s.) sasa o čavo e Imam Husseineso (a.s.) . Vov sasa jek lačo terno čavro. Leso dako alav sasa Leila. Vi vov sasa jek hrabo(trimo) asčeri kaj sikavdasale leso kako o Abbas (a.s.)

Vov ličilasa but po pejgamber Muhammad (s.a.w.a.). o Imam Hussein phendasa kaj uvek kana dijasale mali e pejgamberese (s.a.w.a), vov dičola pe čave e Ali Akbar'e. Vov sasa jek heroj hem vi vov nakhlo Šehidi ki kerbela. e Ali Akbar'e sale jek but lačo glaso. Vov sasa kova kaj akharolasa uvek o ezani namazeso hem ko đive ki ašura sasa o paluno drom kaj akharda o ezani. Vov si mudardo ki kerbela pire dadesa e Imam Husseinosa a isto pire sikne phralesa e 6 čoneso sajbija o Ali Asghar. Selamati te avol kret pe lende.

Savore bešle pese. O Abu Fazl Abbas (a.s.) hem o Ali Akbar (a.s.) bešle anglal lende pi jek stoliza. Pe lende sesa e šeja tare asčera kaj te phene spremosajle luftače. Me, o Hadi hem javer musafira bešlam kote. Bizo lafi dikhlem li dujen. Lengo đemaili (lepota) hem lengo baripe radisarde man. O Abbas (a.s.) pušla e hadije,

>> Dali Lijan o iđazeti (dozvola) taro mo dad o Imam Ali kaj te načen i granica ?<<

>>Va<<

Napal vov vačarda akava ajeti :

''(O Narodo tare Đinnora hem tumen Insajalen ! Ako šajsarden te načen i granica tari i Havaja hem i Phuv ,epa čeren, tumen samo ka šajisaren te načen prema ječe Bare Silasa.,,(Kurano Sura 55 ajeti 33). ''

Atherna avilo ke mande hem phenda,

>> KoJa Bare Silasa si o Wilayeti me dadeso. Vov si o iđazeti (dozvola) taro čiro spas. Me anav tuče o lačo haberi tu ka ave spasime.<<

Me čumidlem i phuv te mothav mi zahfala thaj uštilem palem.

Akalencar e hazreti (sveti) manušenca te bešav si manđe bari bah (bahtalipe). Akava radipe čuta man te rovav.

Habib o čavo taro Masahir *(o lačo amal e Imam Husseineso (a.s.) so nakhlo isto šehidi ki kerbela)* kaj bešlo paša mande, phenda manđe po zera,

>> O pharipe so ka astarol tut po drom, ma te čerol tuče, te hasare i nađa taro čiro bahtalipe (blagodat). Se akala hazret Insaja (e čave tare Imamora) hem lenđe dada von naj te bistren tut. Te đane kaj o ziyareti kaj čerde tut si tari i naredba taro lengoro dad (a.s.).Von (e Imamora) ka pomošaren piren sledbenikonen ko đive uštimaso.

Komentar :

O đive Uštimaso (Al Qiyama) si jek taro o temeli e Islameso. O đive uštimaso si kana o
Allah ka džuvdinile e Insano palem palo leso meripe. Isiamen o ajeti kaj čitosara : !
„ Ama va, amen sam sposoban palem lenđe naja jednako te formuli,, (Koran Sura 75 ajeti 4)

———————————————

Tu sana jek lačo sledbeniko Imamonengo. Akava ziyareti si tuče samo kaj te
dobisare i nada hem i besima. i Zayneb (a.s.) čerol če selami. Voj phenda:
"Amen ni bistra kaj đelan phirindoj bi kundrengo ko kaburi me phraleso
Husseineso (a.s.) kaj te čerele ziyareti. A isto ni abistra i munka, i bok, i troš,
e asva hem o pharipe kaj deršisardan po drom.<<
>>Selami tuče hem selami mandar đi late (Zaynepače) hem Allahestar e
(Zaynepače). Selami tuče.<< phendem me…

E musafira đele hem i soba palem siknili.
>>Me ni mangav te dikhav palem mungre Familija, me ni pačav kaj von
manđe hediye (sevapora) kaj ka bičalen. E buča kaj von čeren ano mungro
alav, von čeren samo taro piro interes hem e dunyajače.Von čhuden samo
po baripe. Kančese naj. Naj man korist. Hem golese ka avav samo tužno.
Akana me ka ičardijav ane mungre buča. O pharipe so ka aračol man po
drom, me ka čerav tawakuli (besima) lengo hateri thaj me ka avav sabrlija.
Ka mučiman te ni avav tužno.<<
>>Ni trubul tut khančik akana. Ane anglune trin faze, naj te avol tut bari
napada, naj te ave but kazmime sose o pubertet (bulugh) si katar e deš
panđ beš đike deš ohto beš, se ane kola trin beš si o Aql (o razum) slabo
hem o čefi si baro. O sebepi kaj čiro Aql (razum) kaj sasa terno, egolese naj
te avol tut baro pušipbe kataro o wajibati (o farzi) hem e haramora. Se ane
kola trin beš sasa o Aql slabo. O Allah vačarda e fikrese: *"Me kazmiv čiro
sebepi hem nagradiv čiro sebepi"* (lila ko bihar al anwar hem Al Kafi). Egolese ka ave
ane akala trin faze tare čire trin beš taro pubertet ani jek dolina so akhardol
i dolina tari tolerancija. Ani akaja dolina naj gija but phare hem golese naj
potrebno me te bešav tusa. Ako aven tuče problemora von naj te train but.

Egolese naj potrebno me te avav tusa. Me ka đav akana hem ka asučarav tut ki štarto faza. Nesitut tehara sabahose čo drom hem le i tašna tusa. Ako lijan akava glavno drom prema i Qibla, tu ka arače man.≪

≫Oh Hadi! Manđe si but phare kaj ka muče man korkore vi ako o drom si buvlo hem pravo thaj kaj naj opasno ama kaj sem korkore hem kaj ni đanav o drom akava si manđe jek pharipe. Egolese phenda o Pejgamberi Muhammad (s.a.a.) *"Maj anglal o mahram (amal ko drom) atherna o putovajne"*≪

≫Tu moram ane akala trin faze te ave korkore, se ane akala trin beš me navlema tusa, palo gova me an tute čerdilem. Mo špirto avol andaro o „Illiyyun„ absulutno čisto uputa. Akala greške avol tutar. Ma napadi man ama napadi korkore tut.≪

O Hadi durilo. Me ačilem korkore hem čerdem manđe hali tare lese lafora. Normal kaj naštil te bešol mancar zajedno ani akaja faza o Hadi, se ane kola trin beš si o aql (razum) havajneso but aktivno hem me ni ičarava me lafora so obečivasa ki Dunya. Me sema bare gođako hem cicijaši (egoisti). Maj but sama akala osobine ane anglune beš ki medresa (škola). O Hadi naj mancar više. Me sema korkore hem moram te lav o drom Korkore.

''Akava si e Allaheso zakoni, so postoila od kana. Ano Allaheso zakoni kur naj te arače jek promena.'' (Kurano Sura 48 ajeti 23)

O zymboli e đungalimaso

O momenti avilo te đav. Uštilem hem lijem mi tašna mancar thaj
nesisardem mo drom. O drom sasa pravo. O vakti sasa blaga. Sasa man bari
sila. Te arakhadijav me amalesa e Hadesa, me čerdem drom đi ko vakti
podne. Me but phirdem hem o vakti podne nakhlo. Maj palal ačardem man
ljolime. Sasa tatipe hem me sema trošalo. Se kaj sema korkore, kote sasa
manđe dar. Kana irisardem mo šoro palal, dikhlem ječe sar pratila man. Me
manđe phendem:
>>Elhamdulillah. Naj sem korkore više.<<
Kana avilo manđe maj paše, dikhav jek gadno kalo personi, bare dandengo
hem buvlo načeso.Vov khandola hem izgledila but đungale. Vov manđe
irisarda o lafi:
>> Sam Alaikum (O meripe te avol tusa).<<
Sumnisajlem. Ponašisaijlo mancar sar jek dušmano. Me irisardem lese o lafi:
>>Wa alaik (vi tusa). Kaj đa tu<<
>>Me sem tusa.<<
Me ni manglem kaj vov te avol mancar, sose lesi iftira sasa gadno hem
daravola man. Me pušlem le:
>>Sar si čiro alav ?<<

>>Me sem tu, (mesem) čo binako. Mo alav si đahalat (biđanglipe). Mo nadimak si Abu Hawl (o dad tari dar). Mo zanato si kaj te čerav šteta (zulumi), te čerav problemora hem te anav nemirno (zurma)<<.

Me maj but darajlem kana ašundemle so vačarol. uff Savi bah, maj lače sasa te avava korkore. napal pušlemle:

>> Dali tu đane savo drom moram te lav te resav đi ko drom so uladol po duj <<

>>Na, ni đanav<<

>>Mesem but trošalo. Dali si kate kathinde paše paj (pani) te pijav ?<<

>>Me ni đanav<<

>>Dali si dur akatar o smeštaj ?<<

>>Naj man ideja<<

>>Tu akate nalazitut, epa tu moram te đane khančik ili ?<<

>>Me samo đanav kaj kataro čo Bijandipe me sema uvek tusa sar jek liša. Sode ni durosa tu mandar prema e Allaheso lačipe, me ni uladijava tutar<<

Komentar :

Mothon ane hadisora kaj kana hasarda o šejtano po čast taro o Allah vov dijale jek želja hem lesi želja sasa e šejtanosi kaj jek evlado lestar te bijandol kana ka bijandol jek Insanoso evlado ki dunyaja hem vov isto šaj te avol lesa vi ano Barzakh. Lesi želja si te indarol e narodon ani zabluda. Ako lija o šejtano e Insano tale va te kontrolil le hem isto lese želje ani dunya epa von duj ka aven zajedno ano Barzakh. Kote ka avole problemora se kaj sasa o Insano džunačari. Gija sar phenda o Pejgamberi (s.a.a.) : 'Isto viman sasa man kova šejtano ama vov prihfatisarda o Islam me vastendar.'' O koreno leso si, kaj o Insano avol katar leso mas hem i materialno želja taro bijandipe. Ka uspil gova, ko si uvek svesno an po Aql (razum) zurale kaj te peravol pire želje

---

Me manđe phendem:
<< Vov si o šejtano. Katar lese iskušenje, vov si kova so čuta man ani zabluda hem ane greške so čuta man ane džunahora te đav. Akana pelem ane lese va, e dušmanose. Ya Allah muk čo Rahmeti pe mande.<<

Me đelem anglal leste. Vov pratisarda man hem sasa deš korakora maj dur
mandar. Kana reslem upre ko kršo (brego), me bešlem manđe te pošiv
manđe zera.

O Abu hawl avilo thaj vačarda manđe:
>>Dikhav kaj ljolisajlan. Me ka siknarav tuče o baro glavno drom kaj si
tranda kilometre po šov kilometre maj zera kaj te rese maj rano<<
<<Dikhav, vi ako kaj najsan đanglo, isto šaj te čere čerameti (čudo)<<
>>Amen šaj te la amenđe o sikno drom. O đanglo manuš uvek ljol o drom
kaj si maj paše. Okola ko len o glavno drom, kola si save đan pe čavenca ili
kola so inđaren pharipe phesa hem robe. Von len akava glavno drom kate.
Amencar as naj čavore hem as ni phirava pharipe amencar hem amen sam
phirindoj. Sose te ni la o maj sikno drom ? <<
Taro dilipe me manđe phendem, kaj vov manđol lačipe te čerol. Egolese
ašundem lese lafora hem lijem lesa o drom so đal maj tele (ponor) taro kršo.
Palo disavo vakti, amen reslam ki jek brda, ki jek maju prina so inđarola
amen još maj fel. Suvde sesa trnje , bara hem predatore sar sapa hem
skorpione. Ko kova vakti sasa tatipe hem poviše sema trošalo. Kaj sema but
ljolime vi mi čhib ikisli andar mo muj avral. Me pungre sesa dukhavde.
Mo ilo izdrala katari i dar hem mo đungalo amal o Abu Hawl prasala man.

Palo baro vakti, konačno, taro baro mučipe, amen reslam ko glavno drom.
Ano sarsavo korako so phirdem, avile manđe problemora thaj čerdem
šovardeš kilometre maj but. Me bešlem te pošiv manđe hem atherna
holinasa vačardem e Abu hawlese:
>>Ohh, te bi avola maškar mande hem tute i distancija sar o mašriq hem o
maghreb (istok i zapad). Me nastavisardem mo drom. O Abu Hawl pratila
man maj dural. A me sema but sema trošalo...<<

Komentar:

O Allah aza wajal vačarol ano Kurano:
Okova ko durol taro o zikri e rahmeteso (te spomeni e Allahe), amen škuri kaj o šejtano
te avol lese leso amal, akana avol jek sar leste ke amende (kana ka merol), vo ka vačarol
pe amalese: "Oh te bi avola maškar mande hem tute i distancija sar o mašriq hem o
maghreb (o istok hem zapad). Savo đungalo amal si vov."
Sura 43 ajeti 36 - 38.

Duj kilometre dural, dikhav jek zeleni phuv. O Abu Hawl kaj hohadaman
pe trikorencar, avilo ke mande tuj prastol thaj vačarol:
>> Kote si paj, ako san trošalo hajde te đa kote te pija amenđe zera paj.<<
Maj anglal me ni manglem te ašunava le. Ama me sema but trošalo thaj
ljolime.

Čerdem manđe hali kaj i phuv kote ni čerdola zeleni te na avola paj kote.
Egolese đelem ke kova than.
Kana reslem kote, nažalost ni arakhlem paj kote...

Se kaj sesa e Sapa pe bara, manđe sasa phare te phirav. I zeleni phuv kaj
diklamasa dural, kote sesa samo kašta so ačon uvek zeleno ki sarsavi
sezona. sumnivo nastavisardem o drom. Po drom, arakhlam jek than so
barona bostanora. O Abu hawl odma đelo te ljol pese jek bostano hem hala
pese.
>>Hajde. av. Le vi tu tuče jek hem ha. Ka gija ka načol či troš<<
>> Šaj perol akava than javerese hem bizo pravo te ha, akava si nepravno<<
Tuj perol lestar o paj taro bostano tare lese vušta tele đike lesi barba thaj đi
ko leso kolin, vov gilavda jek pjesme tuj mordol po šoro:
>> "Čačimase, tu lači dovava sičilan. Ama o đanglipe, so tu čitosare, tutar si
dur".>> atherna nastavisarda :
>> Ej mangleja. Maj anglal, modžde e bostanora barile korkore pestar hem
naj kanikase. Vi te avola khanikase epa e Allahese perol sa.Vov dija amen o
pravo (haq ul mara). Tu ka mere taro trošipe ako ni le khančik katar...
"ako si jek ano zori, ni preteril (so naj lese dozvolime) hem ni nakhavol (te spasil po
životo), lese naj džunahi (ako hal nešto)...(Kurano Sura 2 ajeti 173)
Ano Barzakh ni postoil farzora thaj govor...Si gija? Egolese naj lače jek
fatwa (odluka) te de so o Allah ni čerda harami , hem te zabranisare kova so
ni zabranisarda o Allah. Si tačno? <<
Palem hohada man prema lesi zamka hem vi me lijem manđe jek kotor
taro kova bostano. O Bostano sasa pobut čerko, kaj mo muj hem mi kor
dukhavdile thaj me čudlem o bostano.
>>E bostanora si e Abu đahalese<<
>>Na, šaj koja so lijan tu vov sasa gasavo<<
Lijem javer bostano. Isto vi kova sasa maj but čerko. Ama o Abu Hawl vov
hala po bostano, hem phenda kaj lese si guglo.

Napal lijem leso bostano hem halem. A Leso bostano sasa o maj čerko tare sa.

>>O Allah te unuštil tut. Akava si tuče guglo, sar šaj te ha tu o bostano ka gija?<<

>>Va, tačno si. Akala bostanora si Abu đahalese. Manđe si but gugle. Akala bostanora akhardon biđanglipe. Vi mo alav si biđanglipe. Amen pasui.<<

Jek gardijano prastlo pala amende thaj ano leso va sasa jek ran hem vov thoda vika pe amende thaj mangla te čalavol amen. O Abu Hawl šaisarda te spasilpe te resol ko drom. Me naštisardem te našav taro o džučol thaj phelem pi phuv. Leso vlasniko isto avilo thaj čalada man zurale ranasa. Vi kaj vačardem lese zonesa *"Me khančik ni halem"* vov ni činada te čalavol man hem vačarola :

>> Pa tu čutan če va andre. Naj manđe interesatno dali čudlan le ili dali halan le.<<

Napal šajsardem te spasi man hem đelem ko drom. Mo muj sasa čalado. Sa me kokala sesa phađe. Me sema trošalo hem o Hadi navlo paša mande. Egolese me rovdem. O Abu Hawl sa so čerdilo, lesi doš sa, vov reslo ko phiro cili hem dural bešlo pese thaj prasala man.

>>Pa so šaj te čerol tuče čo amal o Hadi? E semenke tari gajlava hem i
patnija, tu korkore tu čutanlen (sadisardan) mancar barabaš ani phuv
andre. *"I dunyaja si i njiva (polja) ahireteso hem ano ahireti si o đive čedimaso '*
(bihar al anwar lil 70 st. 353). Ni čitosardan akava ano Kurano ?:
"Okova ko ka čerol jek truno delo lačipe , vov ka dičol, kova ko ka čerol jek truno
delo đungalipe, vov ka dičol." *(Kurano Sura 99 ajeti 8).*
O Narodo vačaren: Kova so ka čere tu, dali si lače ili đungale, tu korkore
tuče čere. So ka čerol čo amal o Hadi prema akava argumenti hem ajeti
Kuranoso? Sode ka manđol o Allah, me ka avav isto ane kola faze vi kaj si o
Hadi kote. Tu ka diče napal savo taksirati me ka čerav tuče. Vi o Hadi napal
naj te pomošarol tut. A ni vačarda vov: *"Kana čerdan džunahora me durijlem*
tutar a kana pelan pišmani (tauba) me sema tusa".
A isto e Allaheso Pejgamberi vačarda:
„Jek Mumini (besimtari) ni čerol zinaluko, kana si besimtari. *(Bihar ul anwar*
b.69 s. 121.)<<.
E kote me dikhlem kaj akava armandimo Abu Hawl si đanglo. Od akana
me naj te akharav e Hadije palem. Ikaldem andari mi tašna jek phabaj hem
halem. Mi duk durili hem me dobisardem palem zuralipe.

Uštilem palem hem nastavisardem mo drom. Ko kraj, reslem ke kova drom so uladol po duj. O drom so sasa pi đungali (levo) rig, inđarola man ko jek hasardo voš tare bara. A o drom pi lači (desno) rig inđarola man ko jek svetime foro. Me lijem o lačo drom hem kote sasa jek strađari dromeso thaj me molisardemle:

>>Ako si mogučno te ni muče e Abu Hawle te na avol pala mande, se ađive čerda manđe but taksiratora.<<

>>Vov si tuče sar či liša hem kur ni uladol tutar. Ama ađive aškamose vov naj tusa. Vov ka sovol pese ano kova voš pi đungali rig hem šaj vov palem ka spremol tuče javer problemora maj kasno<<

Sikno Rahatluko

Me nakhlem i rat ano kova than. Kote sasa but lače hem arakhlem disave
amala save pinđarava. Amen sama radime ke kova than hem sesa lačo
narodo, hape hem lače hizmečara.

Amen zahfalisajlam e Allahese tari i bari nagrada so dija amen tare amare
sikne sevapora (so zaradisardam) ki dunyaja. Me dijem ano jek foro,
pherdo lijen (rijeke), lače lulundža, kašta tare voče, izmečara, lače đilla, lači
hrana hem polačo piče.

Kaj avilem andari pustinja thaj kaj avilo manđe o Abu Hawl đi ko nak,
manđe avilope akava than sar jek (adn) đennetesi. Te bi ni avolasa man o
kamlipe ko Hadi me ni bi mukavasa akava than.

Ano kova than arakhlem disave theologije save kaj pinđarava (ani
dunya)…

Aračasa amen lače pošisardam. Sabahose ikislam avral ano foro te
phiradija. O vazduk sasa but blago hem ko lačo miris. Amen mothasa jek
javerese e buča so desisajlo amenđe katar e nakhle đivesa.

Disave dromtara ni vačarena but hem sarsave salen lenđi gajlava.

" Ano kova đive sarsavo ka dičol phiri gajlava" (Kurano Sura 80 ajeti 37).

Amen zahfalisajlam e Allahese so spasisajlam taro o Abu Hawl.

"Hem ko kraj von ka vačaren; ,,Alhamdulillahi Rabi Alemin". (Kurano Sura 10 ajeti 10).

Ano foro bešlam amenđe ano rahatluko, mir, halam amenđe, diklam lače iftire, ašundam lače đila, hem lijam amenđe lačo miris...

" Zaijsta, akava si o baro uspeh. Gija trubul e zaradnikora te zaradin (falya'amali al'amiloon" (Kurano Sura 37 ajeti 60, 61)

O Resultat tare mungre buča (akcije)

Ano Ezani "Hayyah 'alaa Khayril 'amal" (Hajden ani maj lači akcija) akharde
amen te nastavisara amaro drom. Čutam amari tašna po amaro dumo thaj
đelam ko drom so uladol po duj. e Abu Hawlije, dural izgledina sar jek kalo
thuv. O gardijani (stradžari) sasa kote hem pušlemle:
>>Dali si mogučno, von te na aven amencar ?<<
>> Von si i forma taro tumaro havajneso Nafsi (špirto), silen o zuralipe tar i
holi hem tar o čefi hem naj mogučno te uladon von tumendar. Isilen turlifar
bojave. Kalo, Sivo hem Parno. Isilen isto turlifar alava. Von akhardon
Ammara, lawwama hem mutmainna. O Nafsi parno (mutmainna) si o maj
lačo hem o maj korisno. Prema o parno (mutmainna) šaj te rese ko jek baro
mekami hem šaj te čerdo isto jek meleko taro gospodari. Akava bi avola jek
baro poklon (hediye), so o Allah dija tumen ama tumen navlena zahvalno.
Tumen več čuten e semenke ani phuv ki Dunyaja hem ane lenđi sezona
tumen naštin te odbin te baron.

Taro điv iklol điv hem taro ječame iklol ječame.

"Dali sen tumen kola kaj čeren te barol (e seme) ili amen čera akava?" (Kurano Sura 56 ajeti 64) . Okova ko rovolpe, vov rovolpe tare phire buča so zaradisarda.<<

Komentara :

1. O Nafsi al-'amara: Leso stajne si "i situacija tari početak". Sar jek
 divo gra kaj mučil e Nafse te ljole tali kontrola , te dobisarole hem te čudole pestar. Vov naredil amenđe te hasara amari kontrola hem te čera šteta hem kova moram amen te odbisara. Dičen ki Sura 12 ajeti 52 – 53)
2. Al Nafs al-lawwamma. Ano akava stepenje si e Nafse jek "pindžardipe" kaj vov pindžarol phiro slabost hem vov napadil korkore pe kaj te savladil "Pe". Po akava Nafsi hal o Allah sovli dičen ani Sur 75 ajeti 2.

3. Al Nafs Mutma'inna. Taro Teslim (završnimo) resol o Nafsi đi ko o zadovolnost e Allaheso hem vi vov (o Insano) pesa si zadovolno taro o lačipe e allaheso. Dičen ki Sura 89 ajeti 27 - 29.

E Abu Hawle resle amenđe hem sarsavo (dromtari) lija pire Abu Hawle hem nesisarde o drom. Disave ačile palal hem disave ačile anglal. A me đelem mungre Abu Hawlesa bašk. Amen reslam ko jek kršo tari dolina. O drom sasa tesno hem kote sesa bara. Ki rig tar o kršo (brego) sasa jek klisura. Me manglema te phirav po kršo, se me mislisardem kaj ki klisura ni avol manđe lače o vasduk. Napal odma avilo o Abu hawl ko mande thaj potvrdisarda mungro hali :

>>Pa tele si predatora hem opasne havajnora a maj lače si te ikla po kršo opre se kote si lačo izgled thaj šaj ka avol amen kote jek lačo izgled.<<

Kaj volivasa o materijalno dunyalukoso ki medresa (Islamsko škola), kaj manglem te avava o maj pindžardo hem te avav maj lače se mungre amala, me odlučisaijlem te iklav po kršo a na te đav ki klisura. Nesisardam te ikla po kršo ama kana sema po kršo, kote dikhlem kaj navlo lačo hem sigurno drom.

But droma išgajam sebepi kaj sesa e bara kote thaj pelam disave metre maj tele. Te ni bi ičarasa amen pe bara hem pe bilke amen bi ka perasa zerače ano ponori tele. Dukhadam amen. Amaro zelo trupi sasa čalado. Mo nak čaladilo ko bar hem phačilo. Tuj dikhav e Abu hawle hem ironično vačardem lese:

>>So lače akana! Savo lačo izgled dikhlam amenđe po kršo. Maj lače sasa te đavasa tele ki dolina.<<.

Gija sar uvek   prasala man o Abu Hawl vov manđe phenda:

>>Okova ko dolla po Baripe, o Allah ka peravol le, hem kova ko mučil pe te avol maj upre se javer o Allah ka marol leso nak ki prašina. (*Bihar ul anwar b.101 s. 109*)<<Atherna dodaisarda, >> Tumen čitosarden akava ama kur ni andenle ki praksa! *Probi! Tu kaj čerdosa (kušem) o maj zuralo, o baro. (Kurano Sura 44 ajeti 49)* <<

Tuj mučiman, konačno šajsardem te spasiv man. Mo ilo sasa pherdo tari patnija. So džunahi, kova kaj sasa angla amende, vov pelo ko ponori. Amen ašundam lesi vika. Leso (đungalo amal) Abu Hawl sasa lesa thaj asala zonesa. Pale but problemora amen reslam ano jek nevo drom.

Atherna navlo amen više javer problemora ama tare dukha, o pharipe thaj o trošalipe naštisardam te izdrzisara. A o Abu hawl but droma mučisajlo te obedil man te lav aver droma ama me ni ašundem le palem. Dikhla o Abu Hawl kaj ni pratisardem višem lese lafora, vov hasarda pi nada thaj ačilo maj dur palal. A kana reslem ki jek baščava, dikhlem disave insaja sar bešena pese ko kaš hem hanasa pese voče.

Ano lačo poštovajne, phende amende, te beša lencar barabašk hem te ha vi amen lencar voče thaj vačarde:
>>Amen postisardam ko momenti amaro merimaso. Egolese si amen akala voče sar jek iftari amende. O sebepi kaj dijan tu hrana okolen so postisarde, e akana vi tu šaj te ha tare akala voče.<<
Kana halem , ni trošajlem višem thaj mandar durile e dukar. Von pušle man :
>>Sar naklan čiro drom ?<<
>>Alhamdulillah. Zavrišisaijle e problemora. Radiman kaj sem tumencar akana. Nažalost ačile disave dromtara palal. E Abu Hawlije ačade len.

Isto vi mungro Abu Hawl mangla te obedisarol man kaj te lav javer drom
ama me ni ašundem lese lafora hem vov ačilo akana palal. Nadiman kaj te
ni avol amanđe palem. <<

>> Na grešisare. Von kur ni zordenpe amendar. Ani akaja dolina tari
tolerancija von hasaren amen katar lengo hohajpe hem katar lenđe zablude
lafora. Palo gova von ka aven pe amende sar e čor hem ka marenpe
amencar.<<

>> So šaj amen te čera lencar biso orudžje? <<

>> Ma sekiri tut! Ako amen spremosardam amenđe e orudžje ani dunyaja
te brani amen epa amen ka dobisara (e orudžje) isto vi ani javer faza. Gija
sar phenda o guglo Allah ano Kurano :
*"Čerdon tumen hazer protiv lende sode šajsaren, sar zuralimasa (sar oružje) agija
te šaj daraven , e devlese dušmajen , hem tumare dušmajen hem vi , (kolen) kas ni
pindžaren , ama o allah čačimase pinđarol len. (Kurano Sura 8 ajeti 60)"* <<

>> Protivno mislisardem kaj akava ajeti Kuranoso perol samo dunyajače
save e insaja te spremonpe e luftače ki dunya.<<

>> E ajetora Kuranose perol sarsave Alemese (svetose). Inače o Kurano bi
avilosa grešniko. O Kurano si o paluno kitabi (knjiga) tari havaja savo kaj
andale o paluno Pejgamberi tare sa e Pejgambera.<<

Amen nastavisardam amaro drom hem phirdam tale e kaš e vočenđe. Lačo
miris. Mo vilo sasa pherdo kataro radost. Te phene kaj dikhlam i lepota e
Allahesi. Napal reslam ke amare sobe te pošisara. Sarsavo sale lesi soba, so
sasa lačardi taro o zlato hem srebo. i Čistoča thaj i elegancija sviđosaijle
amenđe. Kote Sesa isto sikne terne hizmečara, ane lače šeja uravde,
spremosaijle, te čeren amenđe izmeti. Gija sar vačarda amaro Allah ano
Kurano:
"Hem maškar lende ka phiren čavre so ačon uvek terne .
Kana ka dičelen, te phene kaj si von sar čorde bisera. Hem kana ka diče kote, Tu ka
diče lezeti hem baro vlast ." (Kurano Sura 76 ajeti 19 – 20).
Kana dikhlem man pi gledala, manđe sasa ladžo kaj čerena manđe izmeti (e
hizmecara) amoli dikhlem kaj me sema još po maj lačo hem imposanti.
Pherdilo mo vilo rahatlukosa.

Terrisajlo.
Mille lampe pe kašta nisarde te phabon kaj čerdilo maj svetlo se đivese.
Čudno. Me man pušlem: >> Devla mungreja, so si akava ?
Safar izvor tari energija si kava? Sar dobisarol agači but svetlo?!<<
E dromtara kaj sesa kote, luvdina e Allahe lače zonesa.
Amen sama but radosno hem ano sigurnost. Atherna recitirisarde o ajeti
Nour 'ala Nour (Kuran Sura 24 ajeti 35).
Kote dikhlam, kova nouri so avol si katar o Ehlul Beyti (a.s.). Kova than
akhardola O foro e kamlengo (ašikonengo). Ke kova kaš sasa baro kamlipe
(aški) ko Ehlul Beyti, samo von šaj te bešena kote. E dromtara sesa kote
radime hem zadovolime, zahvafisajle e Allahese ano pobut lačo glaso.
Amen samasa but radime hem ko baro sigurnost.

O tesno drom hem e barrengo drom

Sabahose palem lijam amaro drom te đa ki javer Faza. O glavno drom sasa komforno. Po drom sesa (lijen) rijeke hem zeleni čhar thaj isto lače lulunđa ano lačo miris. O Vazduk sasa gači but lačo so naštiv te objasniv . Ka gija sasa đi ki granica e forosi. Pali granica amen reslam ko jek tesno drom tare bara so inđarola amen ki dolina đi ko drom kaj uladol po duj. Te bi ni avenasa e dromtara anglal amende, amen ka bi hasarasa o drom. Ki krevina so đala pi đungali rig, kote dikhlem e Abu Hawlijen. Kana dikhlem e Abu Hawle e bahzuze, me čaladem mo pungro po bar thaj dukhavdem man. Zori sasa manđe te phirav me dukhavde pungresa. E dromtara nakhade man hem durile. Ačilem palal hem o Abu Hawl pratisarda man pi đungali rig e dromesi. Napal reslem ko jek drom so uladol po duj. Ni đanglem savo drom te lav. Avilo manđe o Abu Hawl:
>> Pa hajde, so asuđare ?<<, atherna sikavol manđe i đungali rig,

>> kate moram te đa.<<

Phirda disave korakora anglal thaj phenda : >>Pa hajde<<

>>O Spas naj ke leste.<<, vačardem hem lijem javer drom thaj ni kandlemle vi kaj mučisajlo te obedil man te đav lesa se ni habistardem sode crdijem lestar thaj sode pharipe anda manđe.

Palo sikno vakti nakhadam i dolina thaj reslam ko jek zeleno than.

I Baščava dikhava dural. Prema o dogor so sasa man e Hadesa, kote moram te arakhadijav lesa. Siđardem te phirav. O Abu Hawl kaj ni ašundem lese lafora, vov uzbunisaijlo thaj ni pratisarda man više.

Palem ziyareti ki familija

O Hadi, savo sasa mo Nefsi. Arakhla man ki kapija e forosi. Pičisaijlam thaj lijam amen ani angali. Me sema but radosno. Dijam andre ani Palata , thaj me pošisardem andre hem e buča sesa več hazer. Palo gova kana halem thaj kana pilem, o Hadi vačarda manđe.

>> Sar nakhlan ane kola trin anglune Faze<<

>>Alhamdulillah, lače ane sarsavo stanje. O Abu hawl čerda manđe šteta, taro mo životo so dživisardem. Ama čačimase sa me andem manđe akava pharipe se kaj durilem tutar tare mungre đungale akcije. Alhamdulillah. Akana kret zavrišisajlo.<<

>>Kaj navlema tusa đi akana, o abu hawl mučisajlo tare phire trickora thaj hohajpe te duravol tut taro drom. Akana ka objasniv tuče lese trickora, vov o Abu Hawl ka mučilpe još maj zurale te hasarol tut taro drom. A e kazme po maj črko ka aven thaj maj but uništime. Ani akaja faza ka avol tut jek ran thaj jek odbrana kaj te brani tut ama akava si but zera.

Ađive si o đive četvrtak.

Đa hem čer ziyareti če Familija hem dik dali bičalde tuče disave sevapora ano čiro alav kaj te baravol čo sigurnost po drom.<<

>> Von dukhavde man. Ni asučarav khančik lendar (lačipe). Von dičen samo phire buča. Ano angluno kurko kana ni abistardesa man thaj kaj ulavde ano mungro alav, von čačimase samo čerde pe lengo interes. So te asučarav me lendar?<<

>>Palem ušti thaj đa čer len ziyareti se amaro Pejgamberi (s.a.a.) vačarda: *"Mislin e mulenđe ano lačipe"* (*bihar ul anwar b.75 s.239*). Taro čiro ziyareti tu ka čolen kaj te misjlin pe tuče. Vi ako kaj hasardan či nada pe lende, ma sumnitut kur ano Allaheso Rahmeti. Ako ave Sabrilija thaj ave stabilno, ano kraj tu ka uspisare. O Allah vačarda ani Kurano:

"...Ma hasaren i nada ane Allaheso Rahmeti (*Kurano Sura 39 ajeti 53*)

"...e Allaheso Rahmeti si paše, okolenđe so zaradin lače buča (*Kurano Sura 5 ajeti 56*)<<.

Kana đelem te čerav ziyareti mungre familija von navljolen kova dičipe više
sar kaj sesa kana semasa lencar. Von sesa ano zori. E čave sesa ano đungalo
stajne. Khonik ni dikhla lengo računi. Kova so dikhlem me, sasa manđe
žaost. Egolese molisajlem e Allahese :
>>Oh velikodušan, av sadžalenje mancar hem mungre familijatar!.<<
Vi mi romni mislisarda ano kova lačo momenti pe mande thaj voj molisajli
e Allahese te čol pe mande po rahmeti hem o selameti o Allah.

Kana irisajlem palem ko Hadi, dikhlem jek gra ko vudar tari palata hem
leso ulari sasa ano zlato. Pušlem e Hadije:
>> Kasko si akava gra ?<<, tuj asal o Hadi phenda manđe :
>>Poklon (hedije) katar či Romni. Voj molisajli e Allahese tuče hem e
Allaheso selameti reslo tuče ani kaja forma. Akava Gra ka trubul tut akava
dromese. Ani akaja Faza, si okolenđe so đan phirindoj si but Phare, a
pogotovo akate ani akaja faza, naj maj lače se te đa grastesa thaj isto o Allah
primosarda čiri dovava. Akana či familija ka živisaren ano rahatluko. A
diče, taro čiro ziyareti, čerdan but lače sevapora.
E insaja ani dunyaja najlen nisavi ideja katar o baro značaj tari lači veza
maškar lende (e familijiače). O Pejgamberi (s.a.a.) vačarda tari akaja buči:
*"Ako načen trin đive thaj tumen ni pušen turi tumari familija, i familijano (veza)
ka činandolpe"*.

Komentar:

*Imam Ali (a.s.) vačarda: "Čeren ziyareti tumare mulen. Čačimase von radinpe kana đan te
čeren len ziyareti. Hem jek tumendar mek đal ko kaburi pire dadeso ili dajako hem roden taro
Allah kova so manđen, palo gova kana čerden (i dovava e mulenđe).*
(ano lil ko wassail al šia)

I dolina taro čefi (podžuda):

O Hadi vačarda manđe te nisiamen. Uštilem thaj ikislem po gra, lijem mi
ran hem čutem i odbrana po mo dumo. O Hadi dija man izini te vočniv
grastesa. Kana naklam i granica e forosi, amen reslam ki jek močvara (čik).
Pi đungali rig hem pi lači rig, sesa pobut insaja so izgledina pe majmunora.
Pe lengo trupi navlonlen as bala as puri. Andar lenđe ladžudne thana iklola
rat hem gnoje. Pušlem e Hade:
>>Sar akhardol akaja dolina? Ko si akala daravne stvorenje, soj izgledin gija
skrba thaj kaj kahndon poviše lengo trupi ? Naštiv te lav frima<<
>> Akaja si i dolina so akhardol e bare žele. Akala sesa kola narodo so
čerde zinaluko (kurvaluko). Ma hasar o drom te na aventut problemora<<
Me but darajlem hem ičardem e grasteso ulari zurale, te ni hasarav o lačo
drom. O drom sasa pherdo čik thaj resola pokajhovi đike grastese kolene.
Me manđe phendem; Akava Gra si manđe baro korist.

Komentar:

Imam Đafar Sadiq (s.a.) vačarda :
Okova ko recitirill i Sura 54, O Allah ka ikaljolle andaro kaburi thaj ka čol le pi jek deva
Đennetesi.

O Allah te nagradil me romnja. Voj manđe bičalda kava (hedije).
So lače vačardasa amaro Pejgamberi (s.a.a.): *"Okova ko ženilpe, vov spasisarol
phiro upaš imano."* A vi o Allah vačarol ano Kurano:
"Von si tumenđe jek šej, a tumen sen lenđe jek šej..."(Kurano Sura 2 ajeti 187.)
katar e skrbe stvorenje sesa disave ulade pe kašta hem lenđe ladžudne
thana sesa čalade ane baskije po kaš. Hem disave čalavenasa len bičesa so
sa cerdo taro bakarni hem thona vika sar e džučola. Okola so čalavena len
bičesa, vačarena:
>>*"...duron katar !..."* (Kurano Sura 23ajeti 108)

  >> *"Ako bi dičesa, e kriminalcora, sar ka aven teljarde šoresa anglo o Allah ,,
Amaro Gospodari, amen dikhlam hem ašundam, pa bičal amen palem palal, agija te
šaj te čera lačipe, amen (akana) sigurno pača."* ('Kurano Sura 32 ajeti 12) <<
>>Akala si o narodo so čerena po čefi ane but vrste zabranime ladžudne
buča. <<

Avile e Abu Hawlije. Astarde e dromtaren thaj mučisajle te duravenlen taro drom; darade lenđe vočne zivotinje (grasten) thaj mangle te čon an lengo fikri (godži) te mislin kaj i čik so si pi rig, te avol lenđe normal. E Abu Hawlije sesa pi rig e dromeso. Avile te hasaren hem te peraven e dromtaren. Ali amen kandlam e lafora e Hadese hem ičardam zurale e grastendže ulara te ni pera tele. Gija sar savjetisarda amen o Hadi.

Disave Dromtara kaj mučisajle te našen taro o Abu hawl, von pele tele thaj i čik resli lenđe đi ki kor thaj phare sasa lenđe te iklen andari čik. Darajlem kana dihklem len hem egolese zahvalisajlem e Allahese kaj naj sema vi me jek tare kola so hasaijle taro drom. Isto e dromtara zonesa zahvalisajle e Allahese. Me vačardem e Hadese:

>> Amaro Pejgamberi (s.a.a. vačarda):

"Ako diče ječe kaj patil, zahvali tut po zera e Allahese (kaj vi tu te na ave patime), vov te na ašunol tut hem vov te na avol tudžno".<<

>>Akava sasa sudime ani dunyaja. Sarsavo ko vačarol : "La ilahe illa Allah, moram te poštovisara len kote (ki dunya). Akate ano sudno đive trubul te zahvali amen zonesa e Allahese, kaj okola ko si došale te crden maj but, thaj lenđi kazma te barol maj but hem sa lenđe garavde (tajne) buča te mothonpe ko đive sudimasko (ano javno)<<

Te pene taro kalipe ko Nouri dijem thaj taro kororipe ano dičipe hem taro sojpe ano uštipe. Akava than si o bešipe taro kalipe.

"Ano ahireti si o čačutno zivoto"

I patnja maj barili. I phuv zurale izdralasa. Terisajlo hem olujno sasa.

Tari havaja nisarda te dol bršond tare barra. E patime (kazmime manuša) dobisarde džungalo sifati (iftire) thaj pele ani čiradi močvara. Sode droma mučisaijle te iklen andari močvara (čik), jek bar tare havaja čalada len thaj pele palem andre. Me darajlem hem mo trupi izdrala tari dar.

>> Sar akhardol akava than? Ko si akala insaja kaj silen akaja lađutni kazma? <<, pušlem e Hadije.

>>Akava si o than so akhardol o than taro čefi (podžuda). Akala n arodo si homoseksual. Hajde te durija so maj špet katar. Okova ko si lencar zadovolno ili ko živisarol ano lengo foro thaj ni duron taro kova narodo, vov si jek lendar<<, dževapoisarda manđe o Hadi.

>>Hemčače akaja čik si tačno e Insanoso čefi (podžuda) se kaj si o drom lepime hem odbil e graste te galoperil.<<, phendem e Hadese.

>> Naj so te čera khančik osim te izdrišisara. Astar i odbrana po čo šoro, e bara so pheren tari havaja te na čalaven tut. Čalav e graste bičesa. Nadiman te ava spasime taro akava taksirati.

,,I Phuv e Allahesi navli voj dovolno buvli tumenđe te imigerin (našen)?<< *(Kurano Surat 4 ajeti 97)* , phenda o Hadi.

Ačile samo disave kilometre đi ki granica akale thaneso, so si pherdo taro taksirati. Astardem zurale e graste hem čalademle bičesa thaj muklem me pungre pe leso phor. Lese načesi bira buvlili. Nesisarda te galoperil sar i balval. O Hadi sasa uvek paša mande sar jek čirikli so ural upre, pala mande. Me recitisardem akava ajeti:

>> *Trudin tumen (te resen) ko oprost tumare Gospodareso thaj ječe Đennetese, (kaj si) buvlo sode si i havaja hem i phuv... (Kurano Surat ajeti 57 ajeti 21*<<

Iznenada avilo manđe o armandimo o Abu Hawl. Mo Gra darajlo lestar kana dikhlale thaj me pelem pi phuv. Đungale dukhavdem man. O Hadi avilo hem pomošarda man opre. Ani holi zalisajlem lese:

>>Uvek kana tu duro mandar o Abu hawl avol thaj čerol manđe šteta<<

>>Na, Me uvek durijav kana avol o Abu Hawl , akava desilpe taro o sebebi tare čire đungale buča (so čerdanasa) ani Dunyaja.<<

Anglal amende sasa javer deržava taro čefi (podžuda). Kova than sasa o
than (hranako). E insaja sesa ulade pe duj grupe. Okola kaj sesa pi lači rig,
von hanasa phiro pravo so zaradinasa tare pire love hem von izgledina sar
e magara, bakre hem gurumnja.
Von navlesa but kazmime. Ama okola kaj sesa pi đungali rig, von izgledina
pe Bale hem pe Mačke. Von ni arakhlepe katar o Halali hem o Harami a isto
ni čerenasa razlika maškar phiro pravo thaj javerengo pravo. Lenđe pora
sesa but bare a lengoro trupi but sano. Von sesa strikno kazmime.
Amaro Allah ta 'ala vačarda ano Kurano:
*"Von si sar i stoka (sar e hajvanora); Na, von (e insaja) si maj but hasarde taro
drom"* *(Kurano Sura 7 ajeti 179)*

I dolina tare đungale hem e lače buča akcije

Amen reslam ko jek but čuči pustinja. Kote navlo hič so te ha osim kova so sasa amen ani tašna. Hala mo zelo trupi dukhala man. O Hadi avilo thaj ikalda andari mi tašna jek melemo (pomada) hem makhla mo zelo trupi melemosa. Ječe čovatar palem ačardeman sasto.

>>Hadi. Safar ilačo si akava ?<<

>>Akava si hemčače čiro hamdi (zahvala), so tu zahvalisajlan katar e Allahesi nafaka. Ani Dunyaja sasa i Sura Al Hamd (Sura al Fatiha) jek ilačo kret e dukendže (nasvalimase) oslm e merimase a isto si i Sura Al Fatiha jek ilačo e dukhengo ano ahireti.<<

Teharin sabahose nesisardam amaro drom hem o Hadi vačarda:

>> Ađive ka dikha e kazme so denasa anc džunahora pe čhibasa. I kazma thaj i dar naj te avol maj zera se kova so dikhlama poanglal ki dolina čefesi (podžuda). Ano akava than naj kathinde paj (pani). Egolese moram te muka o paj po gra thaj te phira phirindoj hem ma bistar i odbrana se ka trubul tut ađive.<<

>> Katar avol kaja odbrana ?<<

>>Voj avol taro čiro postipe, kaj zordlan tut taro o čefi hem kaj arakhlan tut.
Gija sar vačarda o Pejgamberi (s.a.a.):
''Čačimase,o Post si jek zaštita protiv i jag thaj duravol o čefi.'' (bihar al anwar).
Amen nastavisardam amaro drom hem o avilo palem o Abu Hawl thaj me
lese vačardem:

>> O tu armandimo (l'aneti , duro mandar.<<

>>Pa duro tu mandar.<<,phenda o Abu Hawl mandže
Me durilem lestar disave korakora hem đelem e Hadesa. O Abu Hawl
pratisarda amen pi đungali rig e dromesi.
Pe li duj rige sesa turlifar galbene hem lubičice stvorenje, so izgledina pe
džučola, lisice, ruva, majmunora, skorpionora, burumnja, sapa hem
kandoja, von hanasa hem marenape maškar peste. Pe disave iklola jag
andar lengo nak hem disave hanasa e mulen thaj disave perene ani bari
gropa andre hem tar koja gropa iklola thuv hem jag avral. Me pušlem e
Hadije, ko si kola kaj peren ani gropa andre. o Hadi vačarda:

>> Akala si kola so marena prasajpe katar e muslimaja hem kana
mitirinasa len uvredinasa len.

A o Allah aza wajal vačarda ano Kurano:
" Teško svako kolese ko čol iftira (klevet) " (Kurano Sura 104 ajeti 1).
Kola so han e mulen, von si kola insaja, so vačarena javerestar đungale.
Okola so iklol lendar jag andare kan, von si kola insaja so čute po kan te
ašunen o gibeti, (o đungalipe so vačaren javerestar.) Okola so hanpe maškar
peste sar e mačke, džučola hem ruva, von si kola so čonasa iftire, so
akušena javeren thaj so vačarena melale lafora. Okola kaj isilen galbene
iftire thaj kaj silen duj čhiba von si e hohamde Insaja hem kola so vačarena
javerendar đungale.<<
Kote sasa but tatipe. Uvek kana sema trošalo pušlem e Hadije te dol man
paj te pijav. Pokajhovi dolasa man paj te pijav a pokajhovi ni dolasa man
hič paj. Me manđe phendem: "Isi amen te čera baro drom thaj naj amen
dovolno paj ."
>> Tu đanglan akava epa sose ni lijan maj but paj tusa ?<<
>>Čiro kapaciteti sasa slabo<<
>> Sose si mungro kapaciteti slabo?<<
>> Tu korkori ičardan slabo pajesa i Taqwa (dar Allahestar) hem muklan la
šuči. Egolese naštisardan te resesa ko absulutno zadovolnost (Insan
Taslim). O Allah vačarol ano Kurano:
"Bahtale si e besimtara, okola sosi ponizno an piro namazi hem kaj duron katar e
nekorisno buču". (Kurano Sura 23 ajet 1 – 3.)
Tu ni durilan gija lače katar besmislene buča hem navlan ponizno ano
namazi. Ano ahireti khančik naj te avol hasardo.
"Okova ko ka čerol jek delo atoma lučipe, vov ka dičole, hem kova ko ka čerol jek delo
atoma đungalipe, vov ka dičole"(Kurano Sura 99 ajeti 7 hem 8).
Ano Ahireti naj te avol khančik bistardo. Dikta kote, so diče ?<<
>> Dikav kalo so si hamime jagasa hem dikhav thuv so iklol<<
Phabona kašta tare voče kote. Pušlem e Hadije:
>>So desilpe kote ?<<

>>Akala baščave barile kana jek iskrenost Muslimano čerola ibadeti thaj sikrullah. A taro leso hohajpe thaj so čolasa iftire thaj kaj sasa le besmislene buča von čerdile jag a koja jag uništisarda lese lače buča (sevapora). Ako vov bi avolasa iskrenost an piro imano, vov bi aračola len hem ni bičaljola len ki jag. Vov od ka razumil (ka ljol veš) kana ka avol kate. Akate vov ka pherol pišmani. Ali koja tawba (pišmanluko) naj te pomošarol le. Egolese vačarol o Allah kaj si vazno te pača ane pejgamberese lafora a isto ane kola rezultatora (e sevapora) so naštisa te dikhasa so zaradisa ani dunyaja.

O Allah objasnil ane anglune ajetora ano Kurano kaj o Imano Insanoso te pačal ano garadimo ano ghaybi kola si e osobine tari i Taqwa: Hem o Allah vačarda ano Kurano:

"Jek uputa okolenđe so silen i dar e Allahesi, save pačan ano ghaibi (ko garadimo) hem so klanin o namazi." (Kurano Sura 2 ajeti 2 - 3).

Kana pašilam ki koja phabardi baščava , kote dikhlam samo praho, so phurdola jek zurali balval. Napal vov recitirisarda akava ajeti:

"lenđe buča (e sevapore) si sar o praho, pe lende so ka phurdol jek zurali balval ano kova đive". (Kurano Sura 14 ajeti 18)

I dolina taro rahatluko

Kana muklam pala amende i phabardi baščava, amen đelam ki jek zeleni baščava, pherdi tare voče, lulundža so salen lačo miris, rijeke hem čirikla (bilbile) so đilabena. Me manđe phendem:
>> I baščava savi phabili, voj šaj izgledilasa sar akaja lači baščava. A Te dičolasa akava lako vlasniko vov ka merola tari holi<<, o Hadi phenda:
>> Akaja si i početak tari i dolina taro rahatluko . Akate si o sigurnost hem o haratipe. Muk i odbrana hem či ran po gra. Hem mukle akate te hranil dok ka nastavisara amaro drom.<<

Haratisajlam zora thaj nastavlsardam amaro drom hem araklam po drom jek palata. Ke kova than sasa jek bazenti pherdo paj. O Paj but svetila thaj sasa čisto sar o kristali, kaj te phene kaj navlo paj ko bazenti. Pašo kova bazenti sasa jek polači astala, jek stoliza hem sašafora tare svile. Ikaldam amare šeja dijam ano bazenti. I holi, O dušmanluko, i mrzna hem sa e nečisto buča čistosaijle amendar kret.

Osim amare šorose bala, trepavice thaj amare phuva, izgledina but maj lače
thaj amare mane durile.
"hem *Amen ka ikala kret i holi andar lengo kolin. talal lende Rijeke načen* ."
(Kurano Sura 7 ajeti 43)
>> Sar akhardol akava bazenti ?<<
>> SAD WAL KURANOL HAKIM<<, *(Kurano Sura 38 ajeti 1)*

---

komentari:

Prednosilpe ane Hadisora kana đelosa o Pejgamberi Muhammad (s.a.a.) ano Mirađi hem
kana reslo ko jek bazenti pi lači rig taro Arši so akhardol SAD. Kote naredisarda o Allah
aza wajal e pejgamberese te ljol po avdesi (wudu).

Palo gova kana čistosardam amen, uravdam amen lače šeja save sesa hazer
amenđe. Me šeja sesa ane zelene svilaje hem e Hadese šeja sesa ane parne
svilaje. Kana đelem ki gledala te dikhav man; but čisto bizo mane hem
odlično, kaj zalubisajlem pe mande. A e Hadesi lepota sasa još maj lači.
Đelam napal ki palata hem o Hadi čalada pe angrustasa ko vudar. Jek lepo
terno raklo putarda amenđe o vudar thaj vačarda :
>>Anen manđe i dozvola te den andre<<
Kana sikavdam lese i dozvola vov čumidla e slove thaj vačarda gija sar si
ano Kurano:
Den andre rahati   hem sigurno. (Kurano Sura 15 ajeti 46)
....hem kote ka bešen za uvek... (Kurano Sura 43 ajeti 71),
Tuj dijam andre amen vačardam:
>>*Alhamdulillah, I zahfala perol sa e Allahese, kaj uputisarda amen akate. Amen
ni bi avasa uputime   ako ni uputilasa amen o Allah. E bičalde Allahese ande o
čačipe. (Kurano Sura 7 ajeti 43).*
Amen sama ani jek soba, so sasa čerdi tare kristala. Kote sesa krevetora taro
zlato hem upral lende sesa somotne jastukora lače te dandiamen.
Maškaral i soba sasa jek astala hamasi, pe late sasa hrana hem piče.
Saibijora hem lače džuvledžeja, po redo hazer te sludžin amen.

Amen bešlam po kreveto.

"Ko kreveto namestime bešena. Dandime (ko kreveto) jek anglo javer karši premal o liko. Ka sludžin len terne večno sluge. Časkencar hem taro bukalija hem Čajnikoncar ka pijen (Đenneteso vino). So naj te dukhal len o šoro hem so naj te maton (taro kova vino so ka pijen) hem o voče save vov ka birinen. Hem mas e čiriklako save von ka birinen. Hem e Hurije krupno lače Jakhendar. (Lače) Isto sar o Mirikle garavde. Sar Nagrada (e lače) buča so čerde ki phuv (ko Dunjaluko). kote naj te šunen ni bezobrazno/bilače ni grešno lafora ,osim samo pozdrav: "Selam, Selam" (Kurano Sura 56 ajeti 15 – 26).

Palo gova kana halam o čisto ručko, piče hem voče, đelam amenđe po kreveto thaj pošisardam amenđe. Palo disavo vakti lijam amenđe te ašuna lačo gilabdipe hem musika. Jekčovatar ašundam, kaj jek recitirisarda i Sura Al Insan taro o Kuranoo ano but lačo glaso. Savore Čutisaijle thaj samo le ašundam. Me phandlem me jakha, o Hadi te na ačarol kaj sem uštindoj thaj kaj manglem te ašunav o Kurano. Recitisarde i Sura đi ko kraj. Uštilem thaj bešlem manđe hem o Hadi isto da. Me pušlem e Hade:

>> Kaj nalazi amen ?<<

>> Ano jek than so akhardol Dar al-Surur (Radimaso than)<<

>> Ako si akava than ka gija, a sar si napal lengo foro ? Đane, me but kamava akaja Sura (Al insan) ani Dunyaja. Kana ašundemla kate, me zerače lijasa man mo vilo taro radipe. Ko sasa kova hafizi? <<

>> Ni đanav. O Guvernori avol pokajhovi kate te dičol e buča tare dromtara. šaj o Hafizi vi vov avol kate lesa bašk . Kana ka ikjla anglo o Guvernori te dol potpis či dozvola, šaj ka dikha vi le kote. <<

>> Dali si mogučno te na dol potpis (odbsarol i dozvola)?Ako ni dol potpis, so šaj ka čerdol ?<<

>>Va, mogučno si. Ako desilpe amenđe kava slučaj, amen ka ava ani javer lufta. Šaj ka dol potpis. Ama tu moram korkore tut te puše.

" O Insano vov korkore pese ka avol svedoko" (Kurano Sura 75 ajeti 14)"

Ano kova momenti me nisardem te izdrav tari dar. Me sema maškar i dar hem i nada thaj phendem e Hadese:

>> Oh Hadi, a naj akava o than taro Dar al-surur (Radimaso than)?
Sose čerdanle akana o than e rojmaso ? Ušti, hajde te đa! Naštiv te asučarav.
E lače manušese trubul so maj rano te mothon lese kaj ka avol leso stajne.<<
Kana reslam paši i zgrada e sudimasi, amen dikhlam disave terne lepotanora čavre kaj bešena po than ko redo pi rig tari i ulica. Pe lengoro dumo sesa lenđe mača. e vodičora dije e Hade o idjazeti te načol. Amen sikirisajlam kaj šaj naj te dol amen o potpis ani amari dozvola…

Ko vudar sasa o Abu Fazl Abbas (s.a.). O Hadi mothoda lese i dozvola. Lijala (o Abu Fazl Abbas) hem čumidla o potpis taro Imam Ali (s.a.) hem irisardala amenđe. Taro radipe me ni đanava so te čerava. Pelem anglal lese pungre thaj čumidlem i phuv. Taro radipe rovdem.
O Abu Fazl pušla man :
>> Sar nakhlan čo drom ?<<
>>Ano sarsavo stajne Alhamdulillah. Ano sarsavo alemi zavisil amari nada tumendar.
"O Majbaro drom, stabilno phurd hem e maj bare šefađiora sen tumen." (bihar al anwar knjiga 102 strana 129).<<
>>Katar amaro šefatluko ki faza taro Barzakh amenđe naj naredime.
Tumen moram kataro tumaro provianti te len o drom. Ama ko Batini (andral) amen sam uvek tumencar. Amari buči si, te ava tusa, sode droma sanasa tu phirindoj thaj trošalo ki Kerbela ko mo pral o Imam Hussain hem me pralese latmiye kaj čerdena (Aza al Hussayn).<<…

―――――――――――

Komentari :

O Resulli Allaheso (s.a.a.) phenda e fatimače pe čejače (s.a.) :
" Ey Fatima ! Sarsavi jak ka rovol ano đive uštimaso osim koja jak ko rovda e Husseinese. Se ano kova đive ka avol o radipe Đenneteso." (bihar an anwar knjiga 44 strana 293.

...o Hadi phenda:

>> Hajde, te phira ki baščava.<<

Nisardam te phiradija ama me navlem manđe lače. E lafora e mangleso manđe sviđosajlo maj but prema kret javer buča.

>> Sose halosarda te recitiril i Sura Al Insan?<<, pušlem e Hadije.

>> Akava me ni đanav. Naj potrebno te đana kava. Kova so moram te đana, si, dali si voj pherdo taro Hikmeti (mudrost). Amen šaj te phena taro amaro fikri kaj voj (i Sura Al Insan) perol e Imam Alijase thaj e Ehlul Beytese. Egolese vi von kamen akaja Sura. Isto vi tu phendan kaj volisa kaja Sura Al Insan (ani dunya)…

...egolese irisaijlam ki palata.

>>Isi amen vi Deš đive rok te dobisara snaga, se amen ka đa te nastavisara amaro drom. Amen ka arakha po drom disave maj zurale čor hem po drom ka avol amen maj but problemora. Kole dromese naj tut but snaga. Tu moram te đa ajrat te čere ziyareti čire Familija. Se von šaj ka denpe goči ano hadisi e pejgambereso (s.a.a.) kaj vačarda:

"Mislisaren tumare mulenđe ano lačipe" (bihar al anwar knjiga 75 strana 239).

Šaj ka mislinpe ke tute thaj šaj ka bičalen tuče hedije (sevapora).<<, phenda o Hadi.

>> A ni phendan kaj akava than si i dolina taro rahatluko thaj kaj sam spasime tare problemora? Hem akana phene kaj ani akaja dolina si čor. So značilpe akava? Tu manđe samo kaj te ačave man akate. Mo manglo amal. Te ni čerdilan akana hohavno amal?! <<, me nisardem te rovav.

>>Ey mo dosti (mo manglo amal), mo Aški (kamlipe) manđol samo tut, te objasnil tuče kaj te pazisara. Tu ni đane so ka aračol tut po drom. Čo drom ka avol but tesno. I dolina taro Barahut, so nalazilpe paši i dolina taro rahatluko , kote si pherdo jag thaj kote si but opasno.

Komentar :

I Dolina taro rahatluko si jek than ki Kufa. Kote pašarol o Allah e špirtora tare besimtara hem nagradil len Đennetesa. (Bihar an anwar knjiga 6 strana 268). Ki pustina taro Barahut si jek than ko yemen. Kote ka arakhadon e pabesimtara hem ka aven kaznime. (Bihar an anwar knjiga 2 strana 291)

O Abu Hawl ka avol ane javer faze palem tusa thaj ka mučisarol te inđarol tut ani zabluda. Jek sikni greška tutar hem ka phere ki dolina taro Barahut hem me naštiv te uštavav ano kova than. Tu as ni manđe te beše Deš đive akate, ama me darav tuče kaj šaj ka beše ani koja dolina javer deš čona (masek) ano muenje hem napal ka iklo.
>>Manđe te phene kaj ka naka i phurd sirata čuprija ? Ama akava naštil te avol ka gija.<<
>>Va, me tuče phendemasa kava. Ama dikhav, as ni ašundan .
Me informiriv tut, kova si upre, sile lesi liša tele (jek dičipe). O drom tari akaja faza si gači but tesno sar i liša tari i phurd sirata čuprija. Tu moram te čere kava so phenav tuče. Paj ni de ko đungalo stajne, tu moram te ave hazer.<<
Dali lače dali đungale. Đelem te čerav ziyareti mungre familija akšamose ko đive četrvetak. Diklem me romnija, ženisajli javeresa hem vov dikhla pire buča. A mungre čave uladile. Bešlem disavo vakti ki grana e kaštesi.
Me hasardem mungri nada thaj dandisajlem po zido.
Dikhlem e manušen kaj načena ko drom. Čeren pese lafi tare phire buča.
Kote sasa manđe phare thaj me manđe phendem:
>> O Insano trubul te čerol phese hali ko piro životo ahireteso hem ano kova đive so ka aračole palo leso meripe. Hem ma te dol po zelo vreme pe čavenđe thaj pe romnače. But čudno! I Dunyaja si o bešipe e Đahalijenđe (O čer tare narodo so najlen đanglipe)! Ladžo si kaj o murš kaj dol pi jak samo pe čavenđe thaj pe romnjače. Save pabesimtara si von manđe! Ano akava hitno, von as ni denpe goči pe mande.
A me bešlem pi grana e kaštesi thaj hasardem i nada.
O Pejgamberi phendasa e manušenđe:

Nažalost kaj navlam pazlivo hem kaj ni razmislisardam ko Ahireti<<. Jekčovatar dikhlem mungre unukoren kaj bešena upre amende ki zgrada. Halepese voče taro kova kaš savo kaj čutemasa ani baščava thaj von čerde pese lafi.

>>Akava kaš amaro papo sadisarda ani phuv. Leso trupi si tuj černol ani phuv hem amen sam tuj častisara lese voče.<<

>>Vov udživisarol šaj maj lači drag ano Đenneti. O Allah te čol po Rahmeti po leste. Vov čeldasa amencar kana sama sikne.<<

>> Vov but kamla amen. Pokajhovi radisardasa amen kana dolasa amen love. O Allah vi le te radisarol.>>

>>Uvek kana trubulasa amen knjige, sveske hem kalemora, uvek vov činolasa   amenđe. Amaro dad hem amari dej von ni dikhle amaro računi.<<

>> Vov mogučisarda amenđe te studerisara hem te čerdija alimora, se vi vov sasa jek alimi hem vov but kamolasa o Irfanluko (mistično đanglipe). Ađive sam o đive četrvtak hem akšamo si. Lače bi avolasa lese te recitirisara o Kurano hem lese špirtose (ruhese) hedije te bičala.

Me ka gilabav i Sura Al Insan a tu ka čitosare i Sura ad-Duhan.<<
O Hadi anda e graste thaj spremosarda le dromese hem čuta po gra jek
tašna. Me pušlem e Hadije:
>> Katar lijan tu akaja tašna?<<
>>Jek Meleko andala akate. Pi jek rig si o hediye katar i Fatima (s.a.) se kaj
čitosarde i Sura ad-Duhan se akaja si i Sura e Fatimači (s.a.). Pi javer rig si o
hediye katar o Imam Ali (s.a.) se kaj čitosarde i Sura Al Insan hem voj si lesi
Sura. A isto dija amen jek savet o Meleko kaj te durija so maj dur tari i
dolina Barahut, te ni astarol amen lesi balval se lesi balval si jek zeheri.<<

Komentar :

I Hazrat Fatima (s.a.) :
Fatima si i čej e Pejgamberesi Muhammad (s.a.a.) hem lači dej si i Hatidža (s.a.). Prema e
Hadisora voj si "I Dej tare sa e alemora (svejtora)" hem egolese si voj upral e daja tare
besimtara (muminora). Ane javer hadisora si voj Seyyida (princeza) tare džuvledžeja
tare sa e alemora). Fatima (s.a.) si i romni e Imam Ali'jasi (s.a.) hem i dej taro o Imam
Hassan (s.a.) thaj Imam Hussain (s.a.), Zainab Kubra hem umm Kulthum. Prema e
Šiisko nauke , von arakhle kaj voj bijandili ko đive đum'a (petak) ko čon (masek) 20
dhumada al učra ko 5to berš taro pejgamberluko. Ane disave javer rivajetora si
škurime :
" Voj si i angluni džuvlidžej so ka dol ano Đenneti."o Pejgamberi Muhammad (s.a.a.)
phendasa : " E Fatimako radipe, radisarol man, lači holi, si mungri holi. Ko kamol e
Fatima, kamol vi man, ko astardol amal lasa, astardol amal mancar; ko nerveril la,
nerveril vi man." (dičen ko buhary ko lil 2). Voj nakhli i dunyaja o 3to Đumada al-Ušra
ko berš 11 palo hijjra (ane javer rivajetora ko 10to đumada al ušra ili ko 13to đumada
al-ula) tare phare dukha kaj sasa khamni čaladeni kaj sasa tuj ičarol o vudar tare narodo
kaj mangle mezor te den ano lengo čer. Kote hasarde phire čave e Muhsine. Manglesa
mezor kaj o Imam Ali (a.s.) te dol o bejati.

>>Hadi, Te putra i tašna te dikha savo hediye si andre ?<<
>>Kana ka avol leso vakti hem kana si potrebno, voj ka putavol korkore.
Hajde te nesisara amaro drom.<<
>>Hajde pi bah.<<

I dolina daravni

Amen vočnisardam hem reslam ko jek than kaj akhardol i dolina tari
pohlepa. Kana reslam kote, amen dikhlam e manušen so izgledinasa pe
džučola. Disave sesa slabo thaj disave sesa thule (saste). But khandonasa.
Ki pustina sesa pherdo mule. Suvde, khandola.
Sarsavi grupa tare kola džučola marenasape e mulese (e trupese ili e
masese). Von mardepe maškar pe, kaj ko kraj kaj navlo len i prilika te han e
mulengo trupi (mas). Ko kraj von gači but ljolisaljle kaj naštisarde (navlo
len i sila) kaj te han e mulengo trupi (mas) hem atherna avile javer džučola
kaj sesa maj zurale se lendar hem von đele te han e mulengo trupi (mas).
Jek maripe bizo Rahmeti hem bizo kraj sasa maškar kola džučola. Me
davaman gođi ano jek rivajeti: *,,I Dunyaja si sar jek đenuza hem kola ko roden
la, von si sar e džučola,,* (bihar al anwar 87 st. 289)

Komentar :

O Čačutno vrednost e dunyajako ane jakha e Allahese hem Ehlul beytese, lendže dičolpe
i Dunyaja sar jek đenaza. Izvor Nahjul balagha hazret ima Ali (s.a.)

O Stajne okolengo save kaj šajsarde te han e mulengo trupi, von sesa e maj
đungale. Taro lengoro nak thaj katar lengoro than palal, iklola jag .
Ka gija naštisarde te pašona lenđe javer džučola. O Hadi vačarda:
>>Akala si o narodo save hohavenasa ili lenasa javerongo mali tare
Jetimora. ,, *Okola, ko han nepravedno o pravo jetimengo, nakhaven samo jag ano
piro por, hem ka phabon ani plameni jag* ,,. (Kurano Sura 4 ajeti 10)<<
>> Hadi. Pa vačarde amenđe te durija tari i dolina Barahut. Šaj lijam amen
o pogrešno drom.<<
>> Na, amen naj sam ko pogrešno drom. Akava tu so diče, si o paj (pani) so
načol telal tari i dolina Barahut. Leso opasno zeheri so mudarol, vov naštil
te kapil amen. Amen naklam i dolina Barahut hem akana dijam ki dolina
Hassad (injato).<<
Kote sesa pherdo tare Mašine ama von sesa dur katar o amaro drom.
Andaro lengo ispušni (auspuff) iklola kalo thuv kaj kalarda i zelo havaje
(semaja). kola mašine sesa ano baro brzo kaj vi i phuv zemotrisarda. Lenđi
galama, kasučisarda amen. E radnikora (e bučičara) ke mašine sesa kret ano
kalo. Jek tare kola mašine pašili amenđe ko drom. Po haber avile amende e
Abu hawlije, sar jek kalo thuv. Kana dikhlem palal, dikhav kaj o Hadi ačilo
but dur palal. Se kaj sasa o Abu Hawl paša mande hem kaj navlo paša
mande o Hadi, me nisardem te darav.
>>Dik tuče akala mašine kaj pašon ! Gasave daradime mašine kur ni
dikhlan ani dunya.<<, phenda o Abu Hawl.
Manglema te bešav hem te dikhav e mašine. A kana dijem man goči ko Abu
Hawl sode šteta kaj čerdamanđe vov, me ni ašundem le thaj me
nastavisardem mo drom tuj recitiriv i Sura Al Falaq:
1. *Vačar: Rodav zaštita ko Gospodari kana putavol o sabaho.*
2. *te aračol man taro šerri (lošnipa) so vov stvorisarda.*
3 *hem taro šerri e račako kana putol o sabaho.*
4. *hem taro šerri so phurden pe phandle dorra (kombora).*
5. *hem taro šerri taro inatdžija, kana sile injato.* (Kurano Sura 113)
O Abu Hawl phenda : >> O čoreja, te bi recitirisa i Sura Al Falaq ani dunya
hem te anelasa ki praksa (sasa tuče maj lače)!

(Ama) Akate te recitisara i Sura al Falaq, naj tuče korisno.

>>Me but darajlem. O Abu Hawl đelo anglal hem garadilo palo jek bar. Me mislisardam kaj akana ka mučol man rahati o Abu hawl hem kaj ka avol palem o Hadi. Jek čovatar po haber ikislo manđe o Abu Hawl ano sifati e šeijtanoso anglal mande. Mo gra darajlo lestar hem našlo a me pelem tele ki phuv paše e mašine hem me naštisardem te uštav se ni ačaravasa više mo zelo trupi.

E mašine pašile manđe sar e zmaje thaj manglesa te nakhavena man.

O Abu Hawl asaja pese tuj čeljol thaj vačarol:

>>"hem taro šerri taro inatdžija kana sile inato ?"

Oh Dileja! Savo alimi sasa slobodime taro inato (kaskanluko)? Ane palune disave faze sanasa slobodime mandar. Tu mislisardan kaj ani mungri tašna navle man više strele ? E akana probi! Tu našti te spasi tut tari mungri zamka.<<

Me sema but holaniko tar leso prasajpe hem vačardem bare zonesa :
>>Ya Ali!<<
Napal našle e mašine, save kaj pašile manđe so mangle te napadinasa man.
Atherna čaladepe e mašine maškar peste hem uništisajle. O Abu Hawl
mučisajlo te našol, ama astarda le jek mašina thaj čerdilo ane kotora.''
...ama lengo đungalo plano ka irilpe kolenđe (ko 'čerda)' (Kurano Sura 35 ajeti 43).
Me vačardem : >>But lače. Tu man prasa?
''ako tumen prasan amen, epa vi amen ka prasa tumen, sar tumen kaj prasajen
amen.'' (Kurano Sura 11 ajeti 38)<<
Akava sasa o paluno dičipe lesa!
Katar o baro tatipe hem katar i phari sung, me trošajlem but. Dikhlem e
Hadije sar siđarda te avol ke mande. Kana reslo mande, vov putarda i tašna
thaj ikalda o hedije taro o Imam Ali (a.s.). Vov ikalda andari tašna jek
zuralo nouri (svetime) bardako, so sasa šudro paj andre hem dijale manđe.
Me pilem taro kova bardako hem mi troš hem e dukha durile mandar hem
andral arakhlem jek haratluko.
''E pravedno (insaja) ka pijen jek bardako sosi hamime taro kamfore''
(Kurano Sura 76 ajeti 5).

Đelam ko mungro gra kaj sasa čaladino hem vov naštisarda te uštol pe pungre. Amen lijam i tašna thaj nastavisardam amaro drom phirindoj.

E mašine čerde zelo I pustina ano thuv. Andaro lengoro auspuff iklenasa insaja jagasa avral. O Hadi vačarda:

>> E inatđiora (lubomorora), so mothonosa po injato ke besimtarenđe buča hem lafora, von ka aven ani akaja mašina tesnomime kaj i jag ka phabarol len andral, se o inato (lubumora) si sar i jag.

"O injato (i lubomora) rumisarol o Imano (o pačajpe) sar i jag so phabarol e kašte" (Bihar ul anwar b. 77. s. 244).<<

Kote sasa but kalipe (mrak). O Hadi đelo anglal thaj me pratisardem le.

Me phendem e Hadese :

>> Šaj hasardam o drom. Normalmo ni moram te astarola amen o taksirati se e lače insaja von mothode amende phiro lačo čast prema amende.<<

>> Amen ni hasardam o drom. Hala si zera narodo save kaj ni mothode po inato so silen andral. Te bi ni avola o lačipe hem rahmeti akalen manušen hem isto o zadovolno e Fatimako (a.s.), isto vi tu bi avesa tare akala mučime insaja. Ađive, tehara but tare akala insaja ka aven spasime hem ka aven oprostime.<<

Naštisardam te trpisara o tatipe hem i phari sung. Mučisarda man i tašna
kaj phirademla pala mande. Ama amen palem špet phirdam kaj so maj rano
te muka akava than kaj si pherdo problemora hem kaj si opasno. Te bi
avola hala džuvdo o Abu Hawl, vov bi ka avola palem pala amende. Kote
sasa amenđe bari dar. Me semasa but ljolime hem but semasa ke nese hem
khandava. Ko kraj šajsardam te spasi amen ano baro mučipe tari dolina
lubomora (injato).

I dolina taro selameti

Jek šudri balval nisarda te phurdol. O đive sasa but lačo. Nive hem bunara
sesa kote. E kršora hem e doline sesa učarde ano zeleno. E kašta sesa but
lače. Bešlam amenđe pašo jek bunari hem pošisajlam.
Me pušlem e Hadije dali mulo o Abu Hawl.
>> Vov kur ni merol. Ama akana vov naj te pašol tuče više, se kaj sam but
dur tari i dolina Barahaut. Se kaj navlan jek baro arogantno (kibri) hem bare
gođako ani Dunya, amen naj te dikha o than Barahut hem vi kolen naj te
dikha kaj si kaznime kole. Amen pašilam ko glavno foro taro Wadi as
selam. I dolina selametesi.<<
Postepeno (korako po korako) barili i baščava, lačo miris, kašta tare voče
hem razne bojave lulundža. Sesa lače baščave, čisto slapove hem zelene
učarde planine. Ko pungro hem opre ko kršo sesa brone šatore tare čisto
parne svilene. o Hadi vačarda manđe:
>>Amen sam akana utrijal o foro. O narodo živisaren ane akala šatore.<<
E baskije hem e stubora sesa ano zlato hem e dora taro srebro.

Pa so naklam maškar kola šatore o Hadi vačarda:
>> Asuđar kate! Me ka đav te informiriv man savo šatori si čiro.<<
>> Kaj sam amen akana ? Mangav te pošiv man akate disave đivesa<<
>> I dolina taro bezbjednost. Akava than si sveti. Tu moram te beše disave
đivesa akate.<<

O Hadi ikalda jek paketa andari tašna so sasa o hediye tari i Fatima zahra (a.s.) hem đelo ko šatori savo kaj sasa opre ko kršo.

Me dikhlem le dural. Kana sikavda o Hadi lenđe o lil ko šatori, dikhlem disave izmečara kaj ikisle andaro šatori hem prasle ke mande. Pala lende avilo isto o Hadi, ikalda andari tašna javer paketa :

>> Me ka đav te lav tuče jek čer. Đa tu lencar ko šatori hem pošisar tuče, đi ka iriv man andaro foro.>>

>>Hadi! Kaj đa? Ka muče man korkore?<<

>>Me čerav akava samo tuče za korist. Akava si čiro Bešipe. Hem ano šatori tu naj te ave korkore.

"Ke lende ka aven lepotice lače (Hurije). Pa savo taro blagodatija tumare Gospodarese ni priznajin? Hurije ko šatorija garavde. Pa savo taro blagodatija tumare Gospodarese ni priznajin? Naj pipime (astarde) ni taro manuš ni taro đinni" (Kurano Sura 55 ajeli 70 – 74).

O Hadi durilo. Me đelem e izmečarencar ano šatori. Jek but lači Hurija sasa kote bešendoj pi stoliza.

Uštili pe pungre hem pozdravisarda man. Jek terno lačo svetlime izmečari avilo ano šatori hem anda jek vangla paj hem lavora taro srebro hem thoda me vasta hem mi iftira a e pajeso miris sasa tare rudža hem mosčus. Kana dikhlem man ki gledala, usutisardem man kaj me sema još maj lačo hem maj lepotano se i Hurija, gija sar si škurime ani Allahesi kniga kaj voj sasa mungri romnji taro amaneti hem me sema lako gazda.

"E murša silen autoriteti ke pire romnja, o sebepo kaj Allah nagradisardalen gija …,,(Kurano Sura 4 ajeti 34).

Zajedno bešlam ki stolica. Ano šatori sesa panđ stubura a koja kaj sasa maškaral sasa o maj baro stubo. Te dikhav dali si i Hurija gođaver me pušlemla:

>>Sose si akale šatore panđ stubora ?<<

>>Sa e šatore sosi pe kršora, silen panđ stubura. Se ano islam isile panđ usuliye (čerdo tare panđ fundamentora). O Namazi, O Post, Zakat, o Hajj hem o Wilayeti - O vođstvo hem o kamlipe prema o Ehlul beyti.

(Al Kafi Vol. 2 strana 18).

Kova baro stubo kaj si maškaral, so ičarol e šatora, si o stubo taro Wilayeti.<<

>> Me mislisardem kaj sarsavo stubo si o znako savo simbolizeril ječe tare pejgambereso (s.a.a.) Ehlul beyti (a.s.).<<

>>Von si o Nouri (svetlo) hem i baza hem kova tu so diče, si lenđi liša hem lenđe grane. O Insano šaj te resol ane sarsave alemora (svetora) hem šaj te resol đi opre ko phiro Taslimi (savršenstvo). Vov šaj te čerdol khalifatullah (khilafeti e Allaheso).<<

____

Komentara :

Pejgamberi Muhammad (s.a.a.) phenda :
'' Te bi ni avolasa tumaro vilo gija škipime hem te bi na vačarenasa gači but, tumen bi šaj te ašunenasa bizo sumnja kova so me ašunav.'' (mizan al hikma bd. 9 str. 513, hikma 17063)

Jek šiisko mistično o Đenabe Šeikh Rađab Ali khayyat phendasa :
O Allah čerda e insajen kaj vov (o Insano) te avol leso khilafeti :
"Me ka mukav jek khalifa pi phuv" (Sura 2 ajeti 30). O Insano moram e Allahese ibadeti te čerol, kana ka resol ke kova mekami (nivo), vov šaj te čerol buča e Allahese. Ama vov moram te kandol e Allahe hem vov moram te đal protiv phiro (ego) phire žele kaj te resol ke kava cili. Ano hadisi qudsi si vačardo :
'' O čave taro ademi! Me kret samo tuče stvorisardem. Hem tut me manđe stvorisardem''. (sčarh al asma ul husna, hikat 202) hem ko javer hadisi qudsi :
''Mo izmečari! Kandman, kaj me tut, manđe slično te čerav ili ko jek primer manđe (te čerav). (bihar an anwar, bd 105, str 165).
Amalalen. Prema akala hadisora (lafora Allahese) sen tumen o khilafeti e Allaheso ! Tumen sen, sar i kruška, i kralica tare voče. Tumen moram te pinđaren tumaro vrednost a na palo o rodipe ''ME'' (o nafs) nego o kandipe ani Allahesi naredba. Atherna tumen ka resen gači dur, kaj tumen ka čeren buči e Allahese. O Allah čerda tumenđe o zelo alemi hem vov čerda tumen pese (Allahese). Epa sam o dičen, savo mekami (nivo) vov dija tumen! (knjiga : elixier der liebe str. 114).<<

____

>>Tu but lače vačare ! Ki savi medresa (islamsko škola) studirisardan ?<<
>>Ano sveti foro sičilem. Akala zelene kršora si lenđe alpksi pašnjaci.
O bičaldo Allaheso (s.a.a.) phenda: *"Mesem o foro e đanglimaso hem o Alija si o vudar (kapija) leso"* (bihar al anwar hem sunnisko lil Tirmidhy 3984).

Me tari i Fatima sičilem, sar lako dad kaj si o foro e đanglimaso thaj kaj si
čisto. Voj si i blagodime rači hem i rači tari al Qadr, kaj si maj lače se milla
čona (masek).
Hulardo si ke late e nauke taro Kurano hem voj si isto i rači ano ajeti kaj
lipardol *"Ani akaja rat ka avol sarsavi (buči) odločime"* (Kurano Sura 44 ajeti 4).
Voj si i blagodime maslina, kaj si ano Kurano lipardo;
...o svetlo (avol) katar jek blagoslavime kaš : jek maslina, so naj as istok as zapad,
lako uli te phene čudol drita (svetlo) bizo paj ni azbadala i jag. Nouri upral o Nouri
..."(Kurano Sura 24 ajeti 35). O ajeti *" Pe late hulon e Melekora hem o Ruh tele tari*
dozvola e gospodaresi te ičaren leso emri" (Kurano Sura 94 ajeti 4) kote si voj
lipardi. O Lil, kaj anda mande o Hadi, vov sasa tari Fatima (a.s.) hem kote
sasa škurime : 'Jek taro mungro potomsvo ka avol tute. Dik te dočekile
lače, hem te đane kaj vov si čiro Gospodari (mawla).' Mesem koja so
zašitisardan. Hem o Allah čerda kaj te čerdijav kompletno završime.
Te đane kaj mesem čiri. I zahvala perol kret e Allahese, kret si lestar hem
leste ka irilpe palem<<
Palo kava muhabeti, ande amende lači hrana hem pipe (biče). Palo kova
kana halam me phendem e Hurijače:
>> šaj   tu ni beše kate, si gija ?<<
>>Gija si. Me ni bešav kate. Me avilem kate, te čerav tut ziyareti hem te
sluzivtut tut. Akava šatori hem kova so si andre, me tuče andem len. Sa
kala šatora tu so diče, sa kola andelen, kaj avile kate, von spremosardelen e
musafirendže. Akala lače baščave si hazer e musafirendže kaj aven kate.
Tu nalazitut ano jek devleso (bozansvo) bešipe. Ako tu duro katar, vi me ka
irivman.<<
>>Me mangav te phiradijav kate utrujal te dikhav o stajne kate. Šaj ka
arakhav ječe kaj pinđarav.<<
>>Tu san slobodno hem tu šaj te đa kaj mande ama ako manglan te de ano
jek šatori andre, tu moram te rode izini (dozvola) paj ni de andre hem te
pozdravivtut. Tuj avav kate me dikhlem o šatori če bare čejako.

Me đelem ke late se kaj perol tuče paše hem amen čerdilam amal. Ako manglan te đa kote, vi me ka avav tusa<<

>>Va, siman čefi<<

Amen đelam zajedno kote. Anglo šatori me bare čejako, me dijem me čeja o selami, voj pinđarda mo glaso hem ikisli pe izmečaresa avral.

Lijam amen ani angali hem amen zahfalisajlam e Allahese taro leso baro lačipe.

Atherna amen dijam ano šatori andre. Komformo bešlam amenđe po kreveto, kaj sesa dekoracime ane bojandime bara, dandime jek anglo javer.

"Ke krevetora namestime, dandime (ke Krevetora) jek anglo javer karši prema o liko" (Kurano Sura 56 ajeti 15 -16).

>> Sar nakhlan čo drom ?<< Pušlem me čeja.

>>Ki angluni faza hem ki dolina tari lubomora sasa manđe phare. Dikhlem kaj e maj but tare dromtara kaj patisarde sasa ki dolina tari lubumorna.

Ane disave thana me lijem veš, kaj me semasa spasime tutar.

Egolese me tuče dovava čerdem.

Isto kana mungri phen kana nakhli i Dunyaja hem kana sana tu tuj zorde te
mere, me molisajlem e Allahese, te na mere kaj mi Dej thaj mi javer phen te
na ačon korkore .<<
>>Đane so desisajlo če pejasa kaj nakli (muli)?<<
>>Va dikhlem la. Lako mekami (nivo) si maj baro se mungro.
Voj ni crdla but. Voj nakhli samo ki dolina tari Tolerancija. Voj nakli bizo
problemi hem e javer droma završisarda len (nakli) but špet.<<
>>Va, se kaj sasa la samo 18to berš ki dunyaja hem navljola i prilika te anol
phese pharipe hem te rumisarol po stajne.<<

O Qisas hem o kamlipe ko Imam Al Mahdi

Me sema mazumi (tužno), vi kaj spasisajlem tare e darandime thana hem kaj ni zavisiva maj tar mungre pašutne ani Dunyaja kaj muklemlen.
"…ni ka avol više (familijarno veza) maškar lende an kova đive" (Kurano Sura 23 ajeti 101). Mungre duj mule čeja si pese ano jek lačo than.
Savo derti (gajlava) siman? So mučil man? Sose sem gija tužno ? Čerdem manđe hali lače hem arakhlem sostar avol manđe akava derti hem katar avol. I Hurija mučisajli te putrol e kombora taro mo kalbi hem lače sasa čudno sar šaj te avol avav tužno ko jek than radimaso.
>> Ma muči tut! Tu našti te durave mandar o derti katar mungro kalbi<<, phendem lače me.
Me ni mothodem lače (e Hurijače) o sri (tajna)taro mungro kalbi, se voj naj te razumisarol. E stanovnikora taro akava alemi, von šaj te len kret veš ama o kamlipe (aški), o seme so si garadime ani phuv, von našti te len veš.
Jedino o Insano tari dunya šaj te ljol veš se vov si o jedino savo rodol o kamlipe kaj zalubilpe. Me phendem e Hurijače:
>>Me ka đav manđe ki baščava thaj ka bešav manđe korkore hem ka dikhav te putrav mandar e kombora katar mo kalbi.<<
>>Bilo kaj ka đa, tu naj te ave korkore, se sarsavo si pese svesno, sar e kršora, sar e doline hem sar e baščave.<<
>> Mande najlen than ano mungro fikri taro horizont.<<
>>Ako sem tuče jabanđika epa muk man te đav.<<
>>Te bi na avesa o hedije tari i Fatima (a.s.) me bi mukavasa tut te đa<<
Uštilem hem ikislem avral thaj phiradilem.
Kana pašilem ko jek kaš, lesi grana pašili manđe hem vačarda lače zonesa:
>> Ya Mumin. Manđe te ha amare lače voče? <<
Ama leso glaso aviljo manđe sar ječe čapkako. Phendem lese kaj najman čefi. Napal vazdla javer Kaš phiri grana opre thaj phenda :
>> Ako naj tut vola te ha epa sose avilan kate? <<

Javer kaš phenda:

» Šaj si vov jek Meleko. Egolese ni hal.<<

A o Trito kaš: >>Ili šaj si vov jek Hajvano (zhivotinja) kaj ni hal.<<

O Štarto phenda: >>

>>Vov si hasardo ama akate naj hasarde.<<

O Panđto kaš phenda: >>Na, taro čororipe hem tare gajlave, vov čerdilo barvalo. Taro čudnost phandlilo leso muj.<<

Sarsavo kaš vačarda jek lafi. Me manđe phendem,

>> Ko šatori sasa maj lače.<<

Kana irisajlem palem ko mo šatori, dikhlem e Hadije tuj asuđarol man anglo mo šatori. Vov dičolman hem avilo ke mande, thaj me manđe phendem: >>Ka mothav mungro sri (tajna) kalbeso (ileso) mungre wakilese (hadese).<<

Kana pičisaijlam, vov manđe phenda :

>>Kaj sana? Čerdo hazer. Hajde te đa ano foro. E Ulema (alimora) hem e muminora asuđaren tut.<<

>>Sose ka đa ano foro ?<<

>>Sose avilan tu kate ?

>>Me ni đanav save bučače von andeman kate.<<

>>Ma av nezahvalno. Ma (habistar) kaj tu ave andare e kale doline (hem akana) šajisare te koristisare e Allaheso lačipe hem te ave uvek radosno.<<

>>Sar šaj te avav radosno hem te osetisarav o lačipe kana sem ano rojpe me kamlenđe? A ni dikhlan, e Abu Fazle (a.s.) hem e Ali akbare so sesa ane orudže ?A ni dikhlan o lolo šeni e Ali asgareso (a.s.)? Okola ko đanen len hem kamen len, pa len naj te avolen i vola te han hem te pijen pese.

Trubul o Insano te merol tari tuga! Samo te đane, kaj me naj sem gija egoisti sar tu mislisare.<<

>>Tu manđe te vačare kaj e alimora thaj e muminora save knačinpe ane šatora e Hurijensar, von ni kamen e Ehlul Beyte? Hem kaj najlen čefi te ikalen phiro (haqo, odmazda)? A tu đane po maj lače, kaj o Allah lenđe ka rodol o haqo tare e tyranora?<<

>> Sarsavo đanol po stajne maj lače. Đi kaj ni ikaldem mungro, me ka avav
uvek mazumi hem kola lačipe manđe ka avol zeheri…

O Qisas (odmazda) si amari želja. Amen naj te ava radosno dok resa ko
amaro cili. I čačutni buči e Đennetesi si te avol tut i želja. A sa kola javer
buča naj vazno.<< O Hadi pašarda po šoro thaj vačarda:
>>Ka beše kate ?<<
>>Na!<<
>>Kaj manđe te đa ?<<
>>Ni đanav. Me ni đanav jek than kaj te đav. Samo jek buči me đanav kaj
siman koja holi. Ka đav manđe ki pustina hem kote ka bešav manđe. O
Hadi ni arakhla jek solucija thaj irisajlo ko foro palem. Me phendem e
Hurijače:
>>Te manglan, đa tuče vi tu ko čo than. Naj man buči tusa. Ako dikhlan e
Fatima (a.s.), čer lače selami mandar hem motho lače mungro stajne.<<
I Hurija čidla phire buča hem o šatori thaj durili. Me đelem manđe ki skeja
hem rovdem manđe te kovlarav me kalbe hem e Allahe te molisarav. Jek
avilo ke mande tuj prastol thaj vačarda:
>>Habib ibn masahir si ani veza , vov manđol tusa te vačarol.<<
>>Pa kaj stalo ?<<
>>Vov si ano foro.<< Me manđe phendem, >>Kaj o Hadi manđol prema
kaja buči te akharol man ke leste ano foro.<<, atherna me đelem kote thaj
bičaldem lese sclami. Šaj ašunda mo vačaripe hem mungre đuvave.
>>Sose san gija tužno, mo čavo? Av Radosno hem av e Allahese zahvalno!
Se konačno ka usponilpe čiri želja !<<, phenda vov.
>>O Đenneti si manđe sar jek phanglipe. Ako ni uspisarav mungri želja,
mungro zivoto si manđe sar jek daravno suno. Imam Al Mahdi phendasa:
''Kana mo kamlo (Imam hussain) rodla pomoč, me navlema ki dunyaja te pomošiv
le hem lese kurbano te čerdijav. Manđe si kava uvek žalosno.
Le te pomošare hem lese kurbano te đa si i maj bari hem i paluni želja e Ši'jenđe
(sledbenikonenđe).''

Vov phendasa isto pe papose e Imam Hussainese (a.s.):
"Ko matemi, tuče me đivese hem aračasa rat rovav po than e asvengo." (bihar ul
anwar, k. 101 str. 238 hem 320).
Si dokazime, kaj e Ašikora (e kamle), save čerdon kurbano pe
manglenđe,von resle ke piro cilji. Len najlen više gajlave. Ya Habibi, vi
tusan jek lendar! E Ašikora (e kamle) e Imam Mahdijase, so naštin te
pomošaren le hem te đan kurbano lese, kaj te spasin le tare taksiratora von
si uvek mazumi hem asuđaren bi sabrjeso. Me sem jek lendar, Ya Habib!
Me naštiv te avav radosno sar tute, se tu sana ani kerbela hem tu đelan čire
manglese e Imam Husseinese (a.s.) kurbano. Akaja buči navlo amenđe
nagradime hem akaja želja lijamla amencar đi ko kaburi. O ajeti kaj phenol:
*"Ma računin, kolen kaj nakhle ane Allaheso alav (lufta), sar mule! Na, von si
džuvde ko piro gospodari hem (von) si radime tari lesi nagrada"* (Kurano Sura 3 ajeto
169).,
Kava tuče pherol a na manđe Ya Habib! Tu arakhlan tuče nevo Životo a
mesem mulo. Tu sana radosno a mesem bi bahtalo. A ni đane tu, sar načen
e rača hem e đivesa ani dunyaja e Imam Mahdijaso hem sar asuđarol amen
bi sabrjeso? Ako bi avesa tu isto sar ko amaro stajne, vi tu bi ka rovesa rat e
Imam Mahdijase!<<
Amen dikhasa amen . Dikhlem e Habibe sar telarda po šoro hem nesisarda
(nisisarda) te rovol. Atherna uštilo, hem činada o muhabeti hem durilo.E
insaja kaj računisarde man sar dilo hem kaj dikhle man banđe, von
čidinisajle hem avile ke mande.
>>Jasno si kaj tu naj san dilo ama sose ponaši tut ka gija ?<<
>>Tumen moram te aven e kamle tar pejgambereso Ehlul Beytese (s.a.a.).
Se tumen ni avena kate! Tumen pinđarena e Imam Mahdija, o čast e
Pejgambereso, Ehlul Beyteso hem muminengo.<<
>>Va, amen sam ašikora (kamle) e Imam Mahdijase (a.s.).<<
>>A dali tumen đanen kaj vov upral mille beša, rača hem đivesa asuđarol
hem rovol ki pustina ?<<
>>Va, ama so šaj te čera amen ?<<
>>Dali šaj tumen makar te činaven te čeren tumaro čefi? Čhuden kola žele

so ni pasuil ki bojava e kamlenđi! Vov si tuj sikirilpe hem si ano pharipe tuj
asuđarol, a sar šaj tumen te knačin tumen hem te phenen kaj tumen kamen
le?

"O maj lačo lafi si kova savo pasuijl ani praksa" (bihar an anwarn k.1 str.215).

Milla insaja so sesa utrujal mande, von sesa ano derti thaj durile.

Napalem phandle pe šatora, uravde pe phurane šeja hem avile poranđe
anglal mande.

Me phendem >>Blago tumenđe! Hajde te đa akana ko Bayt-ul Ma'mur hem
zajedno te recitisara akava ajeti :

*"A naj vov kova kaj dol dževapo kolen, save si ano zori, kana akharenle hem kaj
duravol o taksirati (Kurano Sura 27 ajeti 62)"*

Gilaben bare zonesa akava Ajeti! O lafi kaj phenol "kova kaj si ano hitno" si
o Imam al Mahdi.

Akava ašundilo ki zelo dolina e selametesi. Savore nisarde te čeren dovava
e Imam Mahdijase so ačilo korkore hem so ačilo but ano ghaybeti
(garadimo).

Palo gova lijam veš kaj o Pejgamberi (s.a.a.) phenda kaj e dovave nažalost
naštin te aven kabulime se kaj e Muminora (vernikora) naj ulade tare e
nevernikora.

*"Te bi avenasa ulade amen čačimase bi kazmisa e nevrnikonen maškar lende ječe
dukhavde kazmasa,"* (Kurano Sura 48 ajeti25)

Amen nisardam te čera maj but dovave...

Amen lijam amaro drom , amare amalencar hem e melekoncar hem zajedno akhardam >> Labayk, Labayk.<<

Ko kraj reslam ko jek kršo so akhardol :

"Kršo taro Rahmeti hem o kršo taro Arafat" Vov dija amen gođi ano akava ajeti :

"Ko đive, kana o munafiko hem i munafika (e duj iftirenca murš thaj džuvli) ke pačutne (mumine) ka vačaren lenđe: "Asuđaren amen, vi amen manga zera taro tumaro nouri (svetlo) te dobisara", Lenđe ka phendolpe:
"Irin tumen palem hem roden kote nouri". Napal ka postavilpe maškar lende jek zido kapijasa. Andre si Rahmeti hem avral si Kazma.(Kurano Sura 57 ajeti 13)...

Reslam ko jek kršo hem utrujal late sesa kale oblakora, kaj iklola varnice. E Melekora nisarde zonesa te vačaren :
>> *La hawla wa quwata illa billah 'aliyul azim (Naj nisavi javer sila hem moč osim ko Allah)*<<

>>So desilpe kote ?<< Pušlem me.

>>Akava si i havaja tari i dolina Barahut hem akala vernice kaj ličin sar e strele hem mača, von si i arman tare e muminora protiv e Ehlul Beytese dušmajenđe hem akava si tuj uništil len. Ama i čačutni kazma hem i osveta e devlesi asuđarolen ki dunyaja. E predatora (hajvanora), kaj si kote, von si čerde tari jag hem o paj (o lijen) si čerdo taro phabardo bakari.<<

Amen dikha kola čirade vernice, sar čalavena but e manušen ki dolina hem von naštisarde te spasinpe latar. Lengo rojpe hem lenđi uzbuna ašundula sar džučolenđi. I kazma e Ehlul Beytese dušmajenđi čerde amen te ava radosno hem zahvalno....

Komentar :

Imam Jafar sadiq (s.a.) phenda : "Amare Sledbenikora (Šije) radinpe kana sam radosno hem si tužno kana sam amen tužno. (Bihar al anwar stranu 114 vol. 10)

Svako čerda la'na (dija armand) upral e dušmaja e Ehlul Beytese (a.s.).
Ka gija barili lenđi kazma. Viako kaj dikhle i kazma, lengoro vilo ni
smirosajlo se o ilo tare zulumčara ka smirolpe samo đi kana ka đan te
mudaren len. Ama ano Ahireti naj meripe.
'' O Bešipe okotar si o čačudno zivoto.'' (Kurano Sura 29 ajeti 64) *''sarsavo hovi kana*
ka phabol lenđi koža, amen ka dalen javer kože…(Kurano Sura 4 ajeti 56)
Jek lendar phenda :
>> Hajde te đa ki dolina barahut hem ka čalavalen. Ako čalava len amare
vastencar, šaj ka smirolpe amaro vilo.>>
O Meleko Vodiči vačarda:
>> Lenđe kazme si sigurno maj opasno se koja kazma save tumen manđe te
čeren lenđe hem naj tumenđe dozvolime te uštaven kote andre.<< Javer
khonik phenda:
>> Ako amen uštava i dolina, lenđi kazma ka durol. Se i jag daral tare e
Muminora maj but se e Muminora kaj daran tari jag e Đehenemosi. Znači
ako amen đa ki dolina, von ka spasinpe tar lenđi kazma hem akava naj
amari želja.<<…

>>Amen sam tužno, se kaj si o Imam Mahdi tužno. Sode ni smirosajlo leso
kalbi, amen našti te arakha ilačo amare kalbese. Se o kalbi si ani veza lese
kalbesa. Amen moram te roda jek solucija , te avol maj špet leso avipe.
I Jedino slucija si te čera dovava ko Allah te avol leso avipe hem te irilpe
palem o Imam al Mahdija (ajtfs)…

…Egolese ka iriamen palem ko Bayt-ul ma'mur hem ka čitosara i dovava Al
Farađ. Akaja si i maj lači dovava…<<, phendem me…

Irisajlam palem hem čerdam jek safa (redo) thaj vazdlam amare va upre
thaj čerdam i dovava al Faraj.

Napal muklam i safa (redo) thaj amen đelam ki centrala taro haberi te ašuna o vačaripe ko than kaj si maj opre te dikha e Pejgambere (s.a.a.), e Imam Alija (s.a.) hem e Ehlul Beyti hem lenđe čave so si tuj čeren.

Kote dikhlam e Pejgambere Muhammad (s.a.a.), Imam Alija hem e Ehlul Beyt pi safa tuj molinpe te irilpe o Imam Al Mahdiya (a.s.).

Pala lende sesa e Pejgambera, e Bičalde (resul), e Pašutne Melekora hem e alome izmečara pi safa hem vi von falisajle. Okote amen lijam veš kaj isiamen isto gajlava hem isto lijam amen veš kaj amare dovave te čeren te mothodolpe o Imam Al Mahdi'ija (a.s.) kaj si jek sifati duhovnost, so avol kataro o maj baro sveti than.

Me sema obedime, kaj isto amare dovave silen veza isto ki dunyaja. Kana dikhlam i dunyaja (svjeto phuv), amen dikhlan e Imam Mahdi'ija hem lese ašabonen ko kršo tuj bešen hem molinpe. Ane gava, islamske phuva, ane džamije hem svugde falisajle e muminora te pojavilpe o Imam Al Mahdi'ija thaj vačarde akala ajetora :

''A si vov kova kaj dol dževapo kolese kaj si ano zori , kana vov akharol le (ki dovava), hem duravol lestar o đungalipe,,. (Kurano Sura 27 ajeti 62).''

Kana dikhlam sa akava, amari nada barili maj but kaj te resa ke amaro cili te mothodolpe o Imam Al Mahdija.

Amen phendam ki centrala taro haberi kaj te mothon amenđe ako dobisara nevo lačo haberi.

Kana irisajlam ke amare thana, kote sasa jek lači duhovnost atmosfera.

Disave falisajle pherde asvenca hem suče vustenca hem disave pele ano nesves pi phuv. Kote me lenđe phendem :

>>Ušten hem pazin tumen! Isi amen i nada kaj te pašol o avipe e Imam Mahdi'jaso (a.s.).<<

Kana pašilem ko mungro than, atherna ašundem:

>> Okova ko manđol te čerol lujfta po than me čaveso protiv lese dušmaja hem te ikaljol leso hako, mek iklol andaro phiro kaburi mačasa, so sile ano va thaj mek irilpe palem ki dunyaja.

"O čačipe avilo hem o hohajpe durilo; čačimase o hohajpe ka durol" (Kurano Sura 27 ajeti 62).

-Kraj-

Palune Lafora

Zaštita tari i kazma

Vikaj zavrišardam o mothodipe tari i situacija palo o meripe hem kaj
sikhavdam isto sar trubul te avol hazer o Insano paj ni merol, man (o
autorio seyyidi) siman čefi te mothav disave prilike hem prakse sar trubul
te ava amenđe hazer e merimase.
Samo kola save silen čačutno aql taro ahireti, von šaj te mothon amenđe tari
akaja thema hem akala si o Pejgamberi Muhammad (s.a.a.) hem leso Ehlul
Bejti (a.s.), lenđe haterese so si čerdi i dunyaja.
O glamno taro lengo sikajpe si kaj svako Insano moram te avol pese hazer
kole dromese.
Egolese, svako đive paj ni đelo te sovol, o Hazreti Imam Alija (a.s.) vov
uvek vačarola ani džamija:
"O Manušalen. Aven hazer e dromese okole ahiretese. Mek čol o Allah po
rahmeti pe tumende. O Meleko e merimaso vačarol: "Pazin tumen. Aven
hazer e dromese; ka avol tumen but problemora ano ahireti". (nahjul balagha)

Angluni Prilika :

O mučipe ko meripe;
Akava si jek but pharo momenti. Ki jek rig sile i bari duk hem o nasvalipe, i
čhib ka avol čutime hem o trupi ka odbisarol te dol ževapo.
Ko jek javer va, sile lesi familija kaj roven.
O Insano ka čerol pese hali se ka uladol tari pi familijasa. I tuga e čavende,
von ka aven jetimora, vov ka ulavdol taro piro amal hem tari pi romni.
Sa kala buča si dukhavde momentora.
 Šeikh Saduq škurisarda kaj o Imam Đafar Sadiq (a.s.) phenda :
*"Ako jek žalil kaj te olakšil lese o mučibe hem (kaj te avole) nouri ano kaburi, mek
ičarol i veza lače pire familijacar hem mek avol kovlo hem lače pe dasa hem dadesa.
Ako ponašilpe vov gija, vov ka merol kolaj hem ano leso životo naj te avole
problemora hem naj te avol ano zori hem naprotiv vov ka avol bahtalo ano piro
životo. "*
O Resulli Allaheso (s.a.a.) savetisarda (amenđe) te recitisara i Sura Ya-Sin

thaj i Sura Safat hem te vačara i dovava :
*'La ilaha lila Allah Ul Haleem ul Kareem. La ilaha illala ul ali-ul azeem, sub-
hanallah-e- Rabbi-ssamawat-e-wal arze, wa rabbil arzeen-as-sabhe, wa maa fee-
hinna, wa maa baina-hunna wa Rabbul aršil azeem, wal hamdu-lillahe Rabbil
a'lameen'*

Dujto prilika :

Adila indul Maut - (šhejtansko hali ko meripe);
Akava si kaj te inđarol tut (o šhejtano) taro o čačipe ano kohajpe an kova
momenti kana ka mere kaj te čol tuče sumnja ani gođi kaj te mere ko kraj
sar jek pabesimtari.
Egolese sikaven amen e tradicije kaj te motha e Insanose kolese kaj si tuj
zordol te merol o Usuli din (grane e islamese, islamsko pačajpe) kaj te ni abistrol.
O Talqini ka pomošarol le te duravol lestar i sumnja. Dovava Al Adila, kaj
si ano lil *Mafatih ul jinan* si isto lače te recitisaren ko momenti e merimaso.
(Isto si lače) te čeren o zikri Tasbih tari Hazret Fatima (a.s.), te phiraven jek
(bar) taro Aqiq ani agrustin, te recitisaren i Sura Mumin ko đive e đumako
(petak), o zikri palo sabah hem akšam namaz si lače te čeren *'Bismillah la
hawla wa la quwatta illa billah 'aliyul azim'*.

Trito prilika :

Wehšati Qabr (i dar ko kaburi);
Akava si još maj but opasno hem maj daravno. Kana ka anen i đenaza pašo
leso kaburi, ma te čonle jekče dromasa andre. Se kaj si kova momenti
daradno e mulese, maj lače si kaj te činaven o drom ko kaburi po trin
droma se o špirto sile halja o interes ke leso trupi.
O Pejgamberi Muhammad (s.a.a.) phenda :
*"Asni jek vakti ni načol gija but phare e mulese sar i angluni rači ano kaburi. nek
avol tumenđe džunaji e mulenđe thaj den sadaka. Ako tu naštisare epa falisar duj
rečatora lenđe. Ano kova momenti o Allah ka bičaljol milla melekora ke leso kaburi,
so ka anen šeja (e mulese) hem o tesno kaburi ka buvjlaren đi ko đive kana ka
phurden ko surr, thaj golese savo falisarda o namazi, le ka den le gači but sevapora
agacik sode čalavol o kham thaj ka vasden le 40 korakora maj opre."*
Salatul wahša si jek namazi savo si lače te falisare ani koja rat kana čon e

mule ani phuv se koja si i rat kana o mulo ka ačol korkoro.

Kova namazi akhardol isto salatul hediye. Kova namazi nafila falilpe pali jazija namaz duj rečate. Angluni rečata recitirilpe i Sura Al Fatiha hem napal o ajeti kursi (Sura 2 ajeti 255). Ko dujto rečata palem i Sura al fatiha napal deš droma i Sura al qadr i broj 97 taro Kurano. Palo taslim (selami vačarolpe akaja dovava:

"Alla humma salli 'ala Muhammadin wa Ali Muhammad wab'ath thawabaha ila qabri (fulan Insano kaj naklo)"

Lače si isto te čeren zikri *'La Ilaha lIla Allah ul Malik ul Haqqul Mubeen'* šol droma svako đive thaj te recitisaren i Sura Ya Sin svako rat paj ni đan te soven.

Štarto Prilika :

Kazma ano kaburi;
Vi kava si pharo momenti. O Limori svako đive akharol amen:
"Me sem o čher e dromtanengo, Me sem o čher e darimaso a isto o čher poštovajneso".
Disavenđe ka avol o kaburi sar jek baščava Đennetesi a disavenđe ka avol lenđe o kaburi o than e Đehenemesi.
Imam Đafar Sadiq phenda kaj nijek ka avol spasime katar kaja kazma ama si jek praksa so šaj te pomošarol…
Hazret Imam Ali (a.s.p phenda kaj kova ko recitiril i Sura An Nisa sarsavi đuma, vov ka avol spasime taro mučibe (ko kaburi). Okova ko uvek recitirisarol i Sura Zukhruf, vov ka avol sigurime taro mučibe hem tare predatora (životinje) ko kaburi.
Imam Đafar Sadiq (a.s.) phenda kaj kova ko merol maškar o đive četvrtak poslem podne hem petak (đuma) posle podne vov ka avol spasime taro mučibe ko kaburi.
Imam Riza (a.s.) phenda kaj kova ko uvek falilpe o namazi e račako (pali jazija) vov ka avol spasime taro mučibe.
Pejgamberi Muhammad (s.a.a.) phenda kaj te recitisara i Sura Al Takathur paj ni đa te sova, voj ka odbisarol o mučibe (ko kaburi).
E manuša save si honde ani phuv ko sveti nađaf, vi von si spasime taro mučibe ko kaburi.

Panđto prilika:

O Pušipbe taro Munkar hem Nakir:
Imam Đafar Sadiq (a.s.) phenda kaj okova ko ni pačal ko pušipbe ano
kaburi vov naj čačutno muslimano. E pušipbe ano kaburi amen več
mothodam akava (ani knjiga). Te recitisare o talqin duj droma paj ni čhon e
mule ani phuv, kava si but korisno hem pogotovo kolese savo kaj pačaja
ane kala buča hem ano ahireti.

Šovto prilika:

Barzakh;
Taro Barzakh amen isto več vačardam (ani knjiga). Leso vakti si extremno
bespomočno. Akcije si čerde e mulese hem o korisno (o mulo) uštol pire
bučencar so zaradisarda ano kova momenti hem kola si save ka
pomošarenle.

Eptato prilika :

O đive sudimaso;
Kova đive si o maj baro hem o maj daravno tare sa. Kote si pinda stanice
ano đive e sudimaso hem sarsavi stanica si maj phari.
Me (o autori tari akaja knjiga o seyyidi) nadiman kaj o četimo taro akava lil
kaj ka čeren manđe dovava.

E Seyyidese Muhammadese Hassan Nađafi, lese špirtose thaj vi amare
mulenđe, lenđe špirtonđe jek Salawati hem Al Fatiha:

Allhumma Salli 'ala Muhammadin wa 'ala âlih Muhammad

Bismi Allāhi Ar-Raĥmāni Ar-Raĥīm
Al-Ĥamdu Lillāhi Rabbi Al-`Ālamīn
Ar-Raĥmāni Ar-Raĥīm
Māliki Yawmi Ad-Dīn
'Īyāka Na`budu Wa 'Īyāka Nasta`īn
Ihdinā Aş-Şirāţa Al-Mustaqīm
Şirāţa Al-Ladhīna 'An`amta `Alayhim
Ghayri Al-Maghđūbi `Alayhim Wa Lā Ađ-Đāllīn

Dovava Al Farađ - te molitut te pojavilpe
o 12to Imamo Al Mahdi (ajtfs)

Ano alav e Allaheso o Rahmetđija hem o Rahimeđija

Allahumma av akate čire prestavnikose ki phuv,
o dokaz čiro, o čavo e Hassaneso (al askari a.s.),
selami lese, hem ke lese paponendže,
ko akava sahato hem ko sarsavo sahato,
zaštitniko, čuvari, vodiči, hem pomočniko
hem dokaz hem stradžari
đi kote so najle le izini te pojavilpe   ki phuv
hem čer te dživisarol ki phuv dolgo periodi.

Dovava Nudba palo sabah namaz

BISMILAHIR RAHMANIR RAHIM

JA ALLAH UČAR ČE RAHMETESA E MUHAMMEDE
HEM LESE FAMILIJA EHLULBEJTE.
JA ALLAH TU SAN O GOSPODARI E NURESO MAJ OBARO
HEM TU SAN O GOSPODARI E ARŠESO
SAN O GOSPODARI E BARE PAJENGO
SAN O GOSPODARI SO BIČALDAN
O TEVRATI O INĐILI HEM O ZEBUR.
JA ALLAH SAN O GOSPODARI E LAHDOSO HEM E TATIMASO
SAN O GOSPODARI E KURANOSE BIČALIMASO
HEM SAN O GOSPODARI E MELAČENGO E PEJGAMBERENGO
HEM SA E BIČALDE ENBIJANGO.
JA ALLAH MOLIVTUT ČIRE RAHMETESE
HEM ČE SIFATENCA SO SAN RAHMETDIJA ČE NURESA SO SI O
MAJBARO
ČE ZURALIMASA SO SI DAIMA TE AČOL O TU SO SAN DAIMA
DŽUVDO
RODAV TUTAR ČIRE ALAVESA SO I HAVAJA HEM I PHUV ČERDI ČIRE
ALLAVESA SAR ANGLUNE A GIJA
VI E PALUNE I NAFAKA PIRI RESLE
O TU DŽUVDO SO SAN ANGLAL SARSAVO DŽUVDIPE
HEM SAN DŽUVDO PALA SAR SA O DŽUVDIPE O TU DŽUVDEJA
KANA NAJTE AVOL NISAVO DŽUVDIPE.

O TU SO DŽUVDINISARE O MERIPE O TU E DŽUVDENĐE SO BIČALE
O MERIPE.
O TU DŽUVDEJA NAJ O PAČAIJPE KANIKASE JAŠTA SE TUČE.
JA ALLAH BIČAL AMARE IMAMOSE KAJ INĐAROL
ČIRE DROMESA E MEHDIJASE TE INĐAROL KARING TUTE KE ČO
PRAVO DROM
HEM ČO EMRI KO THAN TE ANOL ČO RAHMETI TE AVOL UPRAL
LESTE
HEM LESE PAPORA ANGLUNE HEM PALUNE
MEK AVOL O SALAVATI SA E BESIMTARENDAR HEM E
BESIMTARKENDAR
TAR O MAŠRIK HEM MAGRIB TARE RAFŠINE HEM E KRŠORA
TAR SA E PHUVA HEM SA E PAJA
VI MANDAR HEM TAR MUNGRO DAD HEM DEJ
PHARE SELAMORA LESE TE AVEN SAR SI PHARO O ARŠI ČIRO
HEM TE AVEN ĐINDE SAR E LAFORA ČIRE
HEM KE BROJORA SAR SO SI ČIRO ĐANIPE SO ASTAROL SA
SAR ČIRE LILA SO SI ANDRE SA O ALLAH ME KE KAVA SABAHO
MUNGRO
HEM KE SA MUNGRE ĐIVESA ĐI KANA SEM DŽUVDO.
MO LAFI MO BEJATI O AMANETI LESTE BIČALAV
SE KAVA AMANETI BORĐI SEM TE ČERAV
TAR MO LAFI NI DURIJAV AS NAJTE NAŠAV.
O ALLAH ČERMA TE AVAV O JEK TAR KOLA SOKA POMOŠARENLE
HEM HAKO ĐANEN E IMAMI MEHDIJA.
ČER MAN TE AVAV TARE KOLA SOKA DEN KRAHA E IMAMI
MEHDIJA.
HEM TE AVAV O JEK TARE KOLA SO LESO EMRI KO THAN TE ANAV
HEM TE AVAV O JEK TAR LESE ROKTARA
ČERMA TE AVAV O JEK SO KA TRUBULE
HEM O JEK TARE KOLA SO KA RESEN O ŠEHADETI ANGLAL LESTE.
JA ALLAH AKO O MERIPE ULAVOL AMEN
SE O MERIPE BI PINĐARDO E MANUŠENĐE ČERDAN

ČER NASIPI JA ALLAH TAR MO KABURI TE UŠTAV ANO ČEFINI
PAČARDO HEM TE IKALAV
HEM GATI I KOLA AN MO VA TE IČARAV
TE AVAV O AKHARDO SOKA AVOL TARO OKOVA SOKA AKHAROL
SE VOV SI KOVA KAJ KA AKHAROL E MANUŠEN KE FORORA HEM KE
PUSTINIJE.
O ALLAH ČER NASIPI TE DIKAV AKAJA MAJLAČI BUČI HEM TE DIKAV
O LESO MUJ E NURESA UČARDO
HEM ME JAKHA ČER TE AVEN NURESA PHERDE LE TE DIČEN
HEM PAŠAR O LESO AVIPE HEM LOČAR O LESO IKLIPE
HEM BUHLAR O LESO DROM,
HEM INĐARMA LESE DROMESA
HEM AN LESO EMRI KO THAN THAJ ZURAR O LESE ZEJJA
O ALLAH LESA ČER FORORA KO THAN SAR SESA TE ANE
HEM DŽUVDINI ČIRE BESIMTAREN LESA
SE TU GIJA VAČARDAN ,A ČE LAFORA SI HAKO HEM ČAČUTNE.
O ZULUMI KI PHUV HEM KE PHAJA PHERDILO E MANUŠENĐE VA O
ZULUMI ČERDE
EGOLESE ČER NASIPI SIKAV AMENĐE AMARE MEHDIJA
E HZ FATIMAČE ČARRE AKHARDO SE ČE RESULESE ALAVESA
AGIJA AK SASAO HOHAIPEI SOKA ARAKHADOL LESA
AMARO IMAMO TE HASAROL O HOHAIPE
VI KO ČAČIPE TE ARAKHADOL A O ČAČIPE MAJBUT TE ZURAVOL.
JA ALLAH ČER AMARE QAIME TE AVOL POMOŠARIPE
ČE BESIMTARENĐE SO SI ČERDO ZULLUMI UPRAL LENDE
HEM TE POMOŠAROL OKOLEN KAJ VEČ TUTAR POMOŠARIPE RODEN
HEM AMARE MEHDIJASA ČER NASIPI ČO ZAKONI E KURANOSO
 SO SI MUKLO KO THAN VOV ČO ZAKONI TE ANOL HEM ČER
AMARE MEHDIJA ČIRO DINO TE LAČAROL O SUNNETI E RESULESO
S.A.A KO THAN TE ANOL.
ČER NASIPI JA ALLAH TE ARAČOL HEM TE DURAVOL
SA OKOLEN ZULUMI SO ANEN HEM SO ČEREN.

JA ALLAH RADISAR ČIRE PEJGAMBERE E MUHAMMEDE. S.A.A.
ČER NASIPI TE AVOL I SLIKA HEM O SIFATI SA OKOLENĐE SOKA
AVEN PALLA LE.
ČERDO RAHMETĐIJA UPRAL AMENDE AMARE KANDIMASE SOKA
KANDA LE.
O ALLAH AMARE MEHDIJASO AVIPE ČER NASIPI TAR KAV UMMETI
I GAJLAVA TE DURAVE LOČAR AMENĐE LESO AVIPE
SE BUTENĐE LESO AVIPE BUT DUR AVOLA SAVORRE AMEN LESO
AVIPE DIKHA BUT PAŠE.
DAVTUT SOVLI KE ČIRO RAHMETI SE ČO RAHMETI SI UPRAL SA E
RAHMETORA.

(3 DROMA CALAVEN KO KOLIN HEM VAČAREN)

AĐEL, AĐEL, AĐEL, - SIĐAR, SIĐAR, SIĐAR
O TU AMARO MEWLAI TU SAN O KRALO KALE ZAMANOSO
(3 DROMA VACARE ISTO)
JA ALLAH UČAR ČE RAHMETESA E MUHAMMEDE HEM LESE PHAČE
FAMILIJA E EHLULBEJTE.

Alav taro lil (knjiga) : *Mo džuvdipe Palo Mo Meripe ano Barzakh*

Originalo Alav : *'Seyahat-i Gharb'*

Autori : Seyyid Muhammad Hasan Nađafi Qotšani

Irime ki nemački (germasko) čhib : *'Die Reise in die unendlichkeit'* - Verein für Kultur und Jugendförderung e.V.

Irime ki Romani čhib hem o Editori: Begani Safet (ko berš 2017)

Ispravisarda hem pomošarda ano prevod ko akava lil: Dibrani Ramadan

štampanime ko berš 2021

Kontakt : ehlulbejteselila.info@gmail.com

Dépôt Légal en Février 2021
ISBN : 979-10-359-1656-5